渡邉 譽
WATANABE, Homare

日本国憲法

THE CONSTITUTION OF JAPAN

北樹出版

はしがき

日本国憲法も施行されてから、七十数年の歳月が経過した。民主主義と平和主義の目標を旗印に、戦後の混乱期に誕生した日本国憲法は、一度も改正されることなく今日に至っている。その憲法も時代の経過とともに、解釈にも変化が生じてきた部分もある。平成二六年七月一日、安倍内閣による集団的自衛権の行使を容認する憲法解釈が閣議決定され、その翌年の九月一九日には、安保関連法の制定までに至っている。近年の国際情勢の変化が国際社会の緊張を高め、憲法に対する国民の意識にも変化が生じてきているのだろう。それが今日の憲法改正の気運に繋がっている要因なのかもしれない。

さて、この度、ご縁があって株式会社・北樹出版から『日本国憲法』の刊行の運びとなった。過去には他社から、『憲法概説』、『憲法』を出版し、大学の講義用教科書として長年使用してきた。いずれも好評を得て多くの方々に読んでいただいた。今回の『日本国憲法』は、さらに工夫と改善を行い基本的体系書として、内容の充実を図った。きっと読者の皆さんにも喜んでいただけるものと思っている。特に学説の争いのある部分は、重点部分を採りあげ、通説的見解に従い、問題点を明らかにすることにした。最高裁の重要判例もできる限り採りあげることにした。下級審判例と比較しながら、具体的事実に対して、いかなる司法解釈がなされ、どのような結論が導き出されるのか、事例を通して理解が深まるように努めた。今回の執筆には時間的制約があり、なかなか意図する点まで論及できなかった部分も多々ある。その点は今後の改訂版に譲りたいと考えている。

また、本書の執筆にあたり、多数の憲法の文献を参考にさせていただいた。その文献は巻末に掲載させていただき引用個所はその旨を明記することにした。本書によって、読者が少しでも憲法に興味をもち、憲法の基本的理解に繋がることになれば、筆者にとっては望外の喜びである。本書の刊行にあたっては、北樹出版・代表取締役社長の木村慎也氏には、格別のご厚情を賜り、また校正その他については、編集部の古屋幾子氏にも大変お世話になった。両氏に対し衷心より感謝の意を表する次第である。

平成三十一年二月吉日

寓居の書斎にて

渡邉　譽

目次

日本国憲法

第一章　憲　法

第一節　憲法の概念

憲法（constitution, Verfassung）とは、国家の基本法又は根本法であると定義されるが、この憲法も次のようにいろいろな概念で用いられることがある。

一　実質的意味の憲法と形式的意味の憲法

この区別は、憲法の存在形式によるものであり、実質的意味の憲法とは、憲法の法形式が成文法であるか不文法であるかに関係なく、国家の組織及び作用に関する根本規範の総体を指すものである。このような実質的意味の憲法は、それが成文化されているか否か、つまり、成文の憲法典として存在するか否か、慣習法や条理法のように不文法として存在するか否かに関係なく、国家が存在するところには当然存在するものである。このように根本法を有しなければ国家として存在することができない。

これに対して、形式的意味の憲法とは、憲法典という成文法の形式をもって制定された憲法をいう。近代は成文法の時代といわれるように、世界の国々をみてもこの成文憲法を制定している国が多い。形式的意味の憲法は、成立の形式からみれば、文書の形式で制定された法であるから成文憲法と称されるが、その成立の手続きや形式の点で、普通の法律と異なりその改正においても、厳格な手続きを必要とするのが一般的である。成文憲法の歴史は新しく、世界で最初とされるのは、一七七六年から一七八九年にかけて制定されたヴァージニア、その他のアメリカ諸州の憲法及び一七八九年のアメリカ合衆国憲法、一七九一年のフランス憲法等とされる。その後、一八世紀末から一九世紀にかけて、各国で成文憲法が相次いで制定されていったのである。今日では、世界のほとんどの国々がこの成文憲法を有している。わが国でも、明治時代の「大日本帝国憲法」や現在の「日本国憲法」は、いずれも形式的意味の憲法である。しかし、イギリスには、実質的意味の憲法である慣習法は存在するが、「イギリス国憲法」というような法典化されたものは存在しない。

二　固有の意味の憲法と近代的意味の憲法

この区別は、憲法の性質によるものであり、固有の意味の憲法とは、国家の統治の基本を定めた法である。それは、「社会あれば法あり」といわれるように、人の集団である人間社会が形成されると、そこには、その社会を規律する法秩序が必要となる。国家もそれと同じことであり、このような意味の憲法は、国家の存在するところには必ず憲法が存在するものである。たとえその国家がいかなる国家であっても、憲法なくして国家としての存在はありえないのである。わが国においても国家が成立のときから、形式や内容は別として、この意味の憲法は存在したのであり、これが固有の意味の憲法である。これに対して、近代的意味の憲法とは、単に国家の基本法というだけの意味のものではなく、立憲主義の理想を多く採り入れている基礎法だけを憲法という場合がある。

　それは、国家権力が絶対専制君主の下に、一手に掌握されることなく、立法権・行政権・司法権の三権に分けられ、それぞれが異なる機関に分属して、権力の相互抑制によって権力の濫用を防止し、国民の基本的人権を保障するものである。このように近代的意味の憲法は、権利の保障と権力分立を不可欠の内容とするものである。一七八九年のフランス人権宣言第一六条に、「すべて権利の保障が確保されず、権力の分立が定められていない社会は憲法をもつものではない」とあるのは、正にこのような意味の憲法の概念を明確に表したものである。近代的意味の憲法は、一七世紀にイギリスで生まれ一八世紀にアメリカやフランスが制定し、一九世紀に入ると各国で相次いで制定され、わが国も近代国家としての歩みを始めた一八八九年に、近代的意味の憲法が初めて制定されたのである。

第二節　憲法の種類

　憲法はいろいろな基準によって次のように分類される。

一　成文憲法・不文憲法

　これは法形式を標準として分類するものであり、憲法が成文化された法典の形式である場合を成文憲法（written

constitution）といい、これに対し、憲法典という形式を採らない場合を不文憲法（unwritten constitution）という。すなわち、固有の意味の憲法、あるいは実質的意味の憲法が、成文の憲法典として制定されていない場合を不文憲法という。一七七六年のヴァージニア憲法をはじめ近代及び現代の憲法は、ほとんどが成文憲法である。イギリスは不文の慣習、習律の形で実質的憲法は存在するが、憲法典としては成文化されていなく、法律としては成文化している。例えば、一六七九年の人身保護法、一六八九年の権利章典、一七〇〇年の王位継承法等がそれである。したがって、成文憲法をもたないという意味で不文憲法をもつとされる。

二　硬性憲法・軟性憲法

この区別は、憲法の改正が容易か否かによるものであり、憲法の改正が通常の法律の場合に比べて、特に厳格な要件と改正手続きを必要とする憲法を硬性憲法（rigid constitution）といい、これに対して、普通の法律と同じ手続きで改正できる憲法を軟性憲法（flexible constitution）という。近代憲法の大部分の成文憲法は硬性憲法である。イギリス憲法のような不文憲法は軟性憲法であるから、法律の形式で存在するものは、法律の改正手続きと同様の手続きで改正できる。成文憲法でも一八四八年のイタリア憲法は、改正手続きについて特別の規定を設けることなく、通常の法律と同様の改正手続きで改正が可能であり、軟性憲法である。

三　欽定憲法・民定憲法・協約憲法

これは、憲法が誰によって制定されたかという、憲法の制定手続きを基準として区別したものである。欽定憲法（constitution granted by the Emperor）とは、君主主権の思想に基づき、君主の一方的意思によって制定された憲法をいう。一八一四年のフランス憲法、一八五〇年のプロイセン憲法、一八八九年の明治天皇によって制定された大日本帝国憲法はこれに属する。民定憲法（democratic constitution）とは、国民主権の思想に基づき、国民又はその代表者によって制定された憲法であり、共和国の憲法がこれに属する。一七九一年のフランス憲法、一八三一年のベルギー憲法等がこれに属する。協約憲法（agreed constitution）とは、君主主権の思想と国民主権の思想との妥協により、複数の制定者の合意によって制定される憲法をいう。例えば、一八三〇年のフランス憲法はこの協約憲法である。

第二章　日本国憲法史

第一節　明治憲法の制定

君臣主従関係の上に成り立っていた封建制度は、第一五代将軍、徳川慶喜によって一八六七年に大政奉還し天皇親政の体制が採られ、一八六九年の版籍奉還、一八七一年の廃藩置県によりその政治体制は崩壊し、中央集権制が確立した。この意味において、明治維新は、日本における近代的意味の憲法を創る地盤を築きあげたのである。一八六八年の五カ条の御誓文の中に「広ク会議ヲ興シ万機公論ニ決スヘシ」とあるように、この公議思想に、幕末に伝来してきた西洋諸国の憲法や議会政治の思想が強い影響を与え、公議思想は自由民権、民選議会の設置の要求へと向かっていった。板垣退助、後藤象二郎、江藤新平等によって提出された、「民撰議院設立建白書」にはそれが明確に現れている。その後、「立憲政体ノ詔書」が発せられ、立法審議の職務を行う元老院が設置され、地方官会議も招集され少しずつであるが、民意が反映されるような環境が整っていった。一八七八年には各府県に民選議会の始めといわれる、府県会が設置されたのである。さらに区町村会、地方に民選議会の制度を次々に置き、立憲政治の足掛かりを進めていった。このようにして、国会開設の機運もだんだん高まっていくと同時に、政府部内においても意見の対立がみられるようになった。民選議会の設置の動きとともに、政府は成文憲法の制定作業をすすめ、一八八二（明治一五）年にヨーロッパ諸国へ憲法を調査させるために、伊藤博文を派遣したのである。伊藤博文は、特にドイツ憲法を学び、憲法制度を調査して翌年帰朝し、憲法起草の命を受けて、井上毅、伊藤巳代治、金子堅太郎等とともに憲法原案の起草にあたった。起草された憲法原案及び皇室典範は、一八八八（明治二一）年天皇に奉呈され、枢密院の審議を経た後に、一八八九（明治二二）年大日本帝国憲法として制定されたのである。その上諭には、「帝国議会ハ明治二十三年ヲ以テ之ヲ召集シ議会開会ノ時ヲ以テ此ノ憲法ヲシテ有効ナラシムルノ期トスヘシ」と定められ、一八九〇（明治二三）年一一月二九日より明治憲法は施行された。

第二節　明治憲法の特色

明治憲法は、立憲主義憲法とはいっても、神権主義的な君主制の色合いの強い憲法であった。つまり、天皇主権主義と民主主義の妥協の上に成立した立憲主義的憲法である。その特色としては、次の諸点があげられる。

一　天皇主権

明治憲法では天皇主権主義が採られ、国家意思の最終決定権は天皇にあり、これが「国体」と呼ばれた。天皇主権の根拠は、皇祖神の神勅に基づくものとされた。憲法第一条は「大日本帝国ハ万世一系ノ天皇之ヲ統治ス」と定め、第四条には、「天皇ハ国ノ元首ニシテ統治権ヲ総攬シ此ノ憲法ノ条規ニ依リ之ヲ行フ」とあり、また、上諭第二段には、「国家統治ノ大権ハ朕カ之ヲ祖宗ニ承ケテ之ヲ子孫ニ伝フル所ナリ」とあるのは、この現れである。その結果、憲法の制定権及び改正権は天皇に属し、憲法と皇室典範は国の最高法規とされ、天皇によってのみ改廃が許され、帝国議会の関与は認められなかった。

二　大権中心

明治憲法下の天皇は、統治権の総攬者として強大な権限を有していた。すなわち、天皇は帝国議会の協賛をもって立法権を行い（明憲第五条）、司法権は、天皇の名において法律の定めるところにより裁判所がこれを行い（同第五七条）、行政権は国務大臣の輔弼（助言）により天皇が行うものとされた（同第五五条）。議会の権限は極端に制限され、逆に天皇は立法については緊急命令、独立命令などの広い範囲の命令制定権をもっていた（同第八条・第九条）。また、これ以外に統帥大権、軍制大権、宣戦大権、恩赦大権、非常大権、栄典大権、任官大権、憲法改正発案権等々を有していた。

三　皇室自律

天皇主権主義における天皇の地位、権限は強大であることから、皇室に関する事項は皇室典範に定められ、皇室典範の改正には帝国議会の関与は一切認められなかった。憲法と皇室典範は、いずれも国家の最高法規とされたことは前述のとおりである。

四　議会制度

明治憲法も議会制度を採用していた。帝国議会は、衆議院と貴族院の二院制によって構成されており（明憲第三三条）、衆議院は民主的原理を採り入れた公選による議員によって組織されていた。これに対し、貴族院は貴族院令の定めに基づき皇族、華族及び勅任された議員によって組織し（同第三四条）、民選議員からなる衆議院とは対等関係にあったが、貴族院は、保守的貴族的勢力の傾向にあり、民主的な衆議院を抑制する役目をしていた。貴族院令の改正は貴族院の単独の審理によってのみ審議され、衆議院の関与はなかった。また、帝国議会は、唯一の立法機関ではなく、統治権の総攬者である天皇が、議会の協賛により立法権を行使していた。そればかりか、議会の協賛を得ることなく、多くの命令も制定することができた。

五　人権保障

明治憲法における人権保障は、「朕ハ我カ臣民ノ権利及財産ノ安全ヲ貴重シ及之ヲ保護シ此ノ憲法及法律ノ範囲内ニ於テ其ノ享有ヲ完全ナラシムヘキコトヲ宣言ス」（上諭）との規定から明らかなように保障はされていた。しかし、それは不完全な保障であった。人権が前国家的、前憲法的なものではなく、天皇から恩恵的に臣民に与えられたものであり、人権保障の権利の範囲は狭く自由や平等の保障はあったが、社会権的保障の規定はなかった。自由権の保障である信教の自由も、「神社神道は宗教に非ず」として、国教的地位が与えられ特別優遇された。また、華族制度を設け華族は皇族及び勅任された議員とともに、貴族院議員になる特権が与えられていた。明治憲法の権利・自由は「法律の範囲内」において認められ、法律によって制限しようと思えば、いかようにも制限できる「法律の留保」を伴っていたのである。

第三節　日本国憲法制定の経過

日本で最初の成文憲法である「大日本帝国憲法」は、天皇が制定した欽定憲法であり、「不磨の大典」とされ、その改正は容易に許されなかった。しかし、改正が全く認められないわけではなく、憲法改正を想定して第七三条には、改正手続きが明記されていた。それでも憲法改正は、容易に認めるべきものではないとされていた。その大日本帝国憲法から日本国憲法の誕生に至る要因となったのは、あの原爆投下による悲惨な太平洋戦争による敗戦である。一九四一（昭和一六）年一二月、米英に宣戦布告して開戦した太平洋戦争は、後にわが国の敗戦が濃厚になり、一九四五（昭和二〇）年七月二六日、アメリカ合衆国、中華民国、イギリスの三国は、ポツダムにおいて日本の降伏の条件を定めて宣言した。いわゆるポツダム宣言である。日本政府は、降伏はやむをえないことを認め、八月一四日終局的にポツダム宣言を受諾する旨を連合国に申し入れた。八月一五日正午、天皇はその趣旨を玉音放送により国民に知らせられた。九月二日横浜港に停泊中の軍艦ミズリー号の艦上で、日本側代表の重光葵外相、梅津参謀総長、連合国最高司令官マッカーサー元帥及び各国代表との間で、降伏文書が正式に調印された。ここに太平洋戦争は、日本国の無条件降伏によって終結した。この結果、日本は連合国最高司令官マッカーサー元帥の占領管理下に置かれ、連合国総司令部（General Head Quarters）が旧第一生命館に設置された。マッカーサーは一〇月四日、東久邇宮内閣の近衛文麿国務大臣と会見し、憲法改正の要求があることを示唆し、その翌日、同内閣は総辞職し幣原喜重郎内閣が誕生した。さらに同月一一日幣原内閣総理大臣にも、憲法改正について検討すべき旨を指示した。幣原内閣は最高司令官の指示により、憲法改正に着手した。そこで政府は国務大臣、松本烝治を中心とする憲法問題調査委員会を設置した。松本国務大臣は、一九四六（昭和二一）年一月憲法草案を起草することになる。これが、いわゆる松本草案といわれるものである。草案は閣議で検討されたのち、二月八日憲法改正要綱として連合国最高司令部に提出された。作成された改正案は、天皇の統治権者たる地位は維持し、明治憲法の基本原則を改正するものではなかった。これより先、マッカーサーは二月一日、民生局長ホイットニー准将に対し、松本案の内容が、民主的でないことを理由に拒否し、重要な三点を入れた憲法草案を、総司令部自ら作成することをホイットニーに伝えた。総司令部の政治局では、極秘のうちに進め、これを完成させてマッカーサーに提出した。これがマッカーサー草案である。この草案は、連合国総司令部のホイットニー准将から日本政府に提示された。マッカーサー草案は、日本政府の改正案と異なり、国民主権、天皇象徴制、戦争の放棄等の新たな特色を有する民主的要素の強い草案であった。

日本政府は、マッカーサー草案が革新的なものであり、明治憲法の根本原理を変革するものであるとして、反対であったが結局これを受け入れ、マッカーサー草案に多少の修正を加えて、三月六日、「憲法改正草案要綱」を作成しそれが発表された。マッカーサーは、この要綱を全面的に支持する旨の声明を発表した。四月一〇日、衆議院の総選挙が行われ、終戦直後不安定な社会であったが、この「憲法改正草案要綱」の内容が注目された。条文化されたこの改正草案要綱は、四月一七日に公表され、公表された草案は枢密院の賛成多数をもって可決した。政府は六月二〇日、明治憲法第七三条の改正手続きに基づいて勅書をもって第九〇帝国議会の衆議院に提出された。衆議院では約二カ月にわたって審理を続け、若干の修正を加え八月二四日賛成多数により可決した。また、貴族院の審議は、八月二六日より始まり若干の修正を加えて、一〇月六日に賛成多数で可決した。帝国議会の議決を経た憲法改正案は、その後、再び枢密院に諮詢せられ一〇月二九日に可決された後、天皇の裁可を経て、一九四六（昭和二一）年一一月三日に、「日本国憲法」という題名で公布された。憲法は、公布の日から起算して、六カ月を経過した日から、これを施行すると規定されていたので、一九四七（昭和二二）年五月三日から施行された。

第四節　日本国憲法の基本原理

ポツダム宣言を受諾し、明治憲法第七三条の改正手続きにより成立した日本国憲法は、基本原理も明治憲法とは大きく異なっている。明治憲法は、君主主義と民主主義の妥協により成立した立憲君主制を採用しているが、日本国憲法は、民主主義と平和主義を基本原理としている。日本国憲法の前文で、「国政は、国民の厳粛な信託によるものであつて、その権威は国民に由来し、その権力は国民の代表者がこれを行使し、その福利は国民がこれを享受する」と述べ、「人類普遍の原理」という憲法の基本原理を明らかにしている。その具体的内容として、国民主権主義、基本的人権尊重主義、平和主義の三つを掲げている。

一　国民主権主義

明治憲法は、強大な君主主義の原理が貫かれた天皇主権主義であったが、日本国憲法は、国民主権主義を採用したのが大きな特色である。日本国憲法の前文の、「そもそも国政は、国民の厳粛な信託によるものであつて、その権威は国民に由来し、その権力は国民の代表者がこれを行使し」とある文言は、国民主権主義の原理を示している。ここにいう国民主権主義とは、国家の意思を最終的に決定する権力が、国民にあることを示す原理である。すなわち、憲法制定権力が国民にあることを意味する。国民主権という場合の国民とは、全国民を指し老若男女を問わず、一切の国民をいうのである。

二　平和主義

第二次大戦による敗戦の結果、日本国民は再び戦争の惨禍が起こることのないように決意し、平和を念願して日本国憲法は、その基本原理として平和主義を採用した。この平和主義は、憲法の前文に明確に現れている。すなわち、前文第一段に、「われらとわれらの子孫のために、諸国民との協和による成果と、わが国全土にわたつて自由のもたらす恵沢を確保し、政府の行為によつて再び戦争の惨禍が起ることのないやうにすることを決意し」たと、憲法制定の目的が、平和主義の確立にあることを宣言している。

また、前文第二段は、「日本国民は、恒久の平和を念願し、人間相互の関係を支配する崇高な理想を深く自覚するのであつて、平和を愛する諸国民の公正と信義に信頼して、われらの安全と生存を保持しようと決意した。われらは、平和を維持し、専制と隷従、圧迫と偏狭を地上から永遠に除去しようと努めてゐる国際社会において、名誉ある地位を占めたいと思ふ。われらは、全世界の国民が、ひとしく恐怖と欠乏から免かれ、平和のうちに生存する権利を有することを確認する」と述べ、理想とする平和主義を強調している。さらに、前文の第三段でも、「いづれの国家も、自国のことのみに専念して他国を無視してはならないのであつて、政治道徳の法則は、普遍的なものであり、この法則に従ふことは、自国の主権を維持し、他国と対等関係に立たうとする各国の責務であると信ずる」として、平和主義の基礎である国際協調主義を訴えている。

三　基本的人権尊重主義

明治憲法も第二章に臣民の権利義務として、臣民の権利自由を規定していた。しかし、明治憲法下における臣民の権利及び自由は、天皇、国家からの恩恵として与えられたものであり、前国家的な人間固有の権利という性質のものではなかった。しかも、国家は法律をもってすれば、臣民の権利自由を、どのようにでも制限をすることができた。つまり、「法律の留保」を伴っていた。このように、明治憲法の権利自由の保障は、行政権や司法権に対するもので、立法権を拘束するものではなかった。これに対し、日本国憲法は、明治憲法とは根本的に異なり基本的人権は、国家や君主によって与えられたものではなく、人間固有の権利であるとしている。日本国憲法が、基本的人権を「侵すことのできない永久の権利として、現在及び将来の国民に与へられる」（第一一条）とし、また、「現在及び将来の国民に対し、侵すことのできない永久の権利として信託されたものである」（第九七条）と述べ、人間が生まれながらに有する権利であり、それは前国家的な自然法思想に基づくものであるとしている。

第三章　天　皇

第一節　序　説

日本国憲法は、国民主権という人類普遍の原理を採用すると同時に天皇の存在を認めている。これは日本の固有の歴史、伝統、文化そして国民感情等を広く総合的に考慮しながら、尊重し存置されたものと考える。明治憲法における天皇は、第一条で、「大日本帝国ハ万世一系ノ天皇之ヲ統治ス」と定め、また、第三条で、「天皇ハ神聖ニシテ侵スヘカラス」とされ、このような天皇の地位について、第四条では、「天皇ハ国ノ元首ニシテ統治権ヲ総攬すると定めていた。これは天皇の地位が、神勅に基づく国家統治の淵源でありその中心的地位を有し、「現人神」として強大な権能をもつ、天皇主権主義であったことを示すものである。このような天皇の統治権の下では、国民は「臣民」と呼ばれ、憲法第二章で定められた「臣民の権利」も法律の留保が伴っており、完全な保障ではなかった。第二次大戦の敗戦によるポツダム宣言受諾後、日本国憲法を制定するにあたり、天皇制をいかにすべきか、という問題が浮上してきて、内外で議論が沸騰し国民の重大な関心を集めた。それは、わが国の民主化を実現するには、明治憲法の基本的性格を変更することが、先決であると考えられたからである。しかし、それも日本国憲法の成立によって終止符を打つことになった。

第二節　天皇の地位

一　象徴天皇制

(1) 象徴としての地位

憲法第一条は、「天皇は、日本国の象徴であり日本国民統合の象徴であつて、この地位は、主権の存する日本国民の総意に基く」と定める。明治憲法は、天皇主権で天皇が統治権の総攬者としての地位を有していたが、日本国憲法は、国民主権で天皇は国家の象徴としての地位しか認められず、明治憲法に比較して著しく性格の異なるものになっている。象徴とは、無形的、抽象的なものを有形的、具体的に体現したものをいう。例えば、平和の象徴が鳩であり、国家の象徴が国旗であり、純白の象徴が白百合の花である、といわれるようなものである。このような象徴としての地位に基づく行為には、国会開会式に参列し「おことば」を賜う行為、国内巡行、外国元首を接受、接待する行為、外国元首との親電、親書の交換、植樹祭の出席等がある。[1]

次に、象徴としての地位にある天皇は、国の元首といえるか、どうかの問題がある。

元首の概念は、法的には明確な定めはないが、少なくとも対外的に国家を代表する資格を有する国家機関をいうとされる。そうすると、元首は条約の締結や外国使節の任免、全権委任状や信任状を発するなどの権限が認められるのが一般的である。明治憲法下における天皇は、国の元首であると憲法第四条に規定されており、元首に匹敵する権能を有していたから国の元首である。日本国憲法における天皇は、国の元首であるか否かについては、学説は肯定説、否定説があるが否定説が有力である。「元首」を外に向かって国家を代表する最高機関と考え、元首をあえてあげるとすれば、対外的に外交関係を処理する権能は内閣にある。したがって、その内閣を代表する内閣総理大臣が日本国の元首ということになるだろう。

(2) 国家機関としての地位

日本国憲法は、天皇に象徴としての地位以外に、国家機関としての地位を認めている。国家機関とは、国家意思の形成に参画する者として認められる人の地位をいう。国家機関としての天皇の地位は、国家意思の形成に参画する特別の公的地位であり、法によって認められるものである。この地位における天皇の地位は、憲法や法に規定されている個々の場合のみ行われるものである。天皇の行為は、憲法第六条及び第七条に定める「国事に関する行為」のみに限られるのである。この国事行為については、内閣の助言と承認を必要とし、天皇は、形式的・儀礼的に行うのみである。

(3) 私人としての私的行為

天皇の私的地位であり、天皇に一般的に認められる地位である。例えば、皇居内における稲刈り、散歩、生物の採取、相撲、野球の観戦等がこれに該当する。しかし、私的行為といえども、法の規律に服する場合もある。例えば、「天皇が財産を譲り受け、若しくは賜与する」場合には国会の議決を経なければならないことになっている（憲法第八条、皇室経済法第二条）。

二　天皇の根拠

日本国憲法第一条後段は、天皇の地位について「この地位は主権の存する日本国民の総意に基く」と定める。明治憲法下における天皇の地位は、上諭に、「国家統治ノ大権ハ朕カ之ヲ祖宗ニ承ケテ之ヲ子孫ニ伝フル所ナリ」とあるように、「万世一系」の皇統に属し、皇祖神の神勅に基づくとされ、国民の意思を超越したものであるとされた。刑法でも、天皇や皇室の神格性を侵害する不敬の行為があると、不敬罪(2)とされ重く処罰された。これに対し、日本国憲法は民主主義、国民主権主義を採用し、天皇の地位が大きく変革して、天皇は日本国の象徴であり、日本国民統合の象徴であって、その地位は主権者たる日本国民の総意に基づくとした。したがって、天皇の地位の根拠たる国民の総意が、天皇制を支持しないことになれば、天皇の地位は否定され憲法改正により、天皇制を廃止することも可能となる。明治憲法が、天皇は統治権の総攬者として、一切の国家権力を総括的に掌握し、行使していたこととは大きく異なるのである。

第三節　皇位継承

一　皇位継承の意味

皇位継承とは、天皇の崩御という事実の発生に基づいて、従来天皇の地位についていた者に代わって、一定の人が天皇の地位につくことをいう。皇位の継承は、天皇の崩御という事実行為の発生によって、法上、当然行われるのであり法律行為ではない。

二　皇位継承の憲法上の原則

憲法第二条は、「皇位は、世襲のものであつて、国会の議決した皇室典範の定めるところにより、これを継承する」と規定する。憲法に規定しているのは、皇位の世襲の原則だけである。皇位は、国会の議決した皇室典範の定めるところによりこれを継承する。明治憲法下の皇室典範は天皇が制定し、その改正には議会の関与は一切認められなかった。

三　皇位継承の資格・順序

皇位継承の資格について、皇室典範第一条に、「皇位は、皇統に属する男系の男子が、これを継承する」と定める。皇位の世襲は真実の血統主義を貫いているために、天皇や皇族は養子をすることができない。現行憲法の下では、女性天皇が認められるか否かといった問題がある。皇位継承資格は、皇室典範で男系の男子に限ると規定しているので、皇室典範を改正すれば、法的には可能である。皇族とは、皇后、太皇太后、皇太后、親王、親王妃、内親王、王、王妃、女王をいう（皇室典範第五条）。皇位継承の順序は、次のとおりである。

①皇長子②皇長孫③その他の皇長子の子孫④皇次子及びその子孫⑤その他の皇子孫⑥皇兄弟及びその子孫⑦皇伯叔父及びその子孫。右に該当する皇族がないときは、最近親の系統の皇族に伝え、長系を優先し同等内では長を先にする（同第二条）。

四　皇位継承の原因

皇位継承の原因となるのは天皇の崩御である。皇室典範第四条には、「天皇が崩じたときは、皇嗣が直ちに即位する」と定められており、皇位の継承があったときは、即位の礼が行われる。天皇陛下の生前退位は、現在の法律では想定されていなく、平成天皇の生前退位の話がもち上がり、二〇一七（平成二九）年六月九日に、天皇陛下の退位を認める特例法が成立した。このことにより、天皇陛下は二〇一九（平成三一）年四月三〇日に退位して、翌五月一日に皇太子が即位して新元号が令和となった。

第四節　天皇の権能

一　総　　説

明治憲法における天皇は、統治権の総攬者として広汎な権能を有していた。これに対し、日本国憲法における天皇は、象徴たる地位を有し（第一条）、その権能につき第四条第一項で、「天皇は、この憲法の定める国事に関する行為のみを行ひ、国政に関する権能を有しない」と定める。これは、天皇の権能を限定すると同時に、それらの意思が国家意思を決定したり、国家意思の決定に影響を及ぼすような、性質のものであってはならないことを、意味するものである。天皇は国政に関する権能を有しない以上、選挙権を行使したり、特定政党を支持することは、一切許されないのである。しかも天皇の権能は、憲法の定める国事行為に限定される。具体的には、第六条及び第七条に定められている行為である。天皇がなしうるのは、他の国家機関が実質的に決定したことを、単に形式的・儀礼的に外部に表示する行為であり、実質的に国家意思を決定する権能は有しないのである。

二　内閣の助言と承認

「天皇の国事に関するすべての行為には、内閣の助言と承認を必要とし、内閣が、その責任を負ふ」（第三条）。天皇は、その権能に属する国事行為は単独に行うことはできず、常に内閣の助言と承認を必要とし、内閣がその責任を負う。天皇は実質的に国家意思を決定することはできないのである。もちろん、天皇が、私人として行う行為は、内閣の助言と承認は一切不要である。明治憲法は、君主主権主義を採り、天皇が大臣の助言を採り入れるかどうかは、天皇の意思によって決定され、それについての責任は、国務大臣が負うと解せられていた。日本国憲法における内閣の助言と承認は、明治憲法の「大臣輔弼」制とは大幅に異なるものである。天皇の国事行為は、他の国家機関によって実質的に決定された事項を形式的・儀礼的に行うのみである。内閣の助言と承認は、天皇の行う国事行為の必要的な効力要件である。

三　天皇の行為についての責任

天皇は、その権能に属する行為を自身で決定して行うものではない。国事に関する行為は、すべて内閣の助言と承認によって、天皇が形式的・儀礼的に行うものである。したがって、天皇の行為は、同時にすべて内閣の行為であるともいうことができる。憲法は天皇の行為に違法、不当なものがあるときは、「内閣がその責任を負ふ」と定めている（第三条）。この場合、内閣は天皇の行為を天皇に代わって責任を負うのではなく、助言と承認を与えた内閣が、自らの行為について、自ら責任を負うのである。天皇は、国事行為について、法律上、政治上一切の責任を負わないのである。また、内閣の責任の相手方であるが、憲法第六六条第三項に、「内閣は、行政権の行使について、国会に対し連帯して責任を負ふ」と定めるから、国会に対する責任であり、その内容は内閣の連帯責任であると解する。しかも、憲法上の責任であるが、通常の法的責任とは異なり政治責任である。

次に、天皇の私的な行為に対する責任はどうであろうか。私的な行為に対する天皇の責任について、憲法や法律には何ら定めはない。私的な行為は国事行為ではないので、内閣の助言や承認は必要ないから、内閣が責任を負うこともなく、解釈による以外はない。明治憲法の天皇は神聖不可侵とされ（明憲第三条）、刑事的無答責は自明の前提とされた。日本国憲法における天皇の刑事責任については、明文の規定はない。皇室典範第二一条に、「摂政はその在任中訴追されない」と規定しており、「国事行為の臨時代行に関する法律」が国事行為を臨時代行する皇族が、その期間中は、訴追されないと規定しているから、この規定を類推して、天皇は刑事責任を負わないと解する。一方、民事責任[3][4]であるが学説は、天皇にも当然に民事責任が及ぶとするもの、象徴としての地位を傷つけない限りで、天皇にも民事責任が及ぶとするもの、あるいは、天皇には民事責任が及ばないとするものに分かれる。

最高裁判例は、「天皇は日本国の象徴であり、日本国民統合の象徴であることにかんがみ、天皇には民事裁判権が及ばないものと解するのが相当である」と判示している。当該判決は、天皇が象徴制を有するゆえに民事裁判権にはなじまない、としている。しかし、本件の高裁判決[5]では、「仮に、天皇に対しても民事裁判権が及ぶとするなら、民事及び行政の訴訟において、天皇といえども、被告適格を有し、また証人となる義務を負担することになるが、このようなことは、日本国の象徴であり日本国民の統合の象徴であるという、天皇の憲法上の地位とは、全くそぐはないものである。そして、このように解することが、天皇は刑事訴訟法において訴追されることはないし、また公職選挙法上選挙権及び被選挙権を有しないと、一般に解されていることと、整合する」と判示して、詳細に理由を述べている点が注目される。

四　天皇の権能に属する事項

象徴としての天皇は、明治憲法のように統治権の総攬者として、有していた権能は消滅したのである。第四条には、天皇は「この憲法の定める国事に関する行為のみを行ひ」とある。国事に関する行為とは、第六条及び第七条に次のように列挙されている。

（1）内閣総理大臣の任命

「天皇は、国会の指名に基いて、内閣総理大臣を任命する」（第六条第一項）。内閣総理大臣は、国会議員の中から、国会の議決でこれを指名し、その指名に基づいて天皇が任命する。国会の指名がなされると、衆議院議長から内閣を経由して天皇に奏上する（国会法第六五条第二項）。奏上があれば、天皇はそれに則り任命行為を行う拘束を受ける。この任命行為は形式的なものである。

（2）最高裁判所の長たる裁判官の任命

「天皇は、内閣の指名に基いて、最高裁判所の長たる裁判官を任命する」（第六条第二項）。最高裁判所の長たる裁判官は、内閣が実質的に決定し天皇が、内閣の助言と承認に基づいて形式的に任命する。

（3）憲法改正、法律、政令及び条約の公布

憲法改正は、国会がこれを発議し国民投票による国民の承認を経て成立し（第九六条第一項）、法律は、原則とし

て両議院で可決したときに成立し（第五九条）、政令は、内閣が制定するものであり（第七三条第六号）、条約は、内閣の締結と国会の承認により成立する（第六一条・第七三条第三号）。条約は、国家間の契約で、国際法上の法形式である。これを公布することにより、国法形式として国民をも拘束するのである。以上の事項について、内閣の助言と承認に基づいて天皇が公布する。

（4）国会を召集

国会の召集とは、国会の会期を開始させることであり、国会が活動能力を有することの始まりである。明治憲法では議会の召集、開会、会期等の活動については、広範囲に天皇大権に属していたが、現行憲法では国会の召集、衆議院の解散は実質的に内閣が決定し、天皇が形式的に行うことにしている。国会は常会、臨時会、特別会のすべてを天皇が召集することになっている。したがって、天皇の権能は国会の召集であるから、参議院の緊急集会を開始させる行為は天皇の権能ではない。国会の召集詔書は、集会の期日を定めてこれを公布する。常会の召集詔書は、少なくとも一〇日前に、これを公布しなければならない。臨時会、特別会の召集詔書の公布は、そのような定めはない（国会法第一条）。

（5）衆議院の解散

衆議院の解散とは、衆議院の全議員について、その任期満了前に議員の資格を失わしめる行為である。衆議院議員の任期は、四年であるが（第四五条本文）、解散によって、その期間満了前に任期が終了する（第四五条但書）。天皇は、衆議院の解散を形式的に行うのであり、解散を実質的に決定するのは内閣である。

（6）国会議員の総選挙の施行の公示

国会議員の総選挙とは、衆議院議員の任期満了及び衆議院の解散によって行われる総選挙並びに参議院議員の三年ごとに議員の半数について行われる通常選挙も含まれる。これら選挙の期日及び公示の時期は、法定されており（公職選挙法第三一条・第三二条）、衆議院の解散による場合の総選挙は、解散の日から四〇日以内に行い、総選挙の期日は、少なくとも一二日前に公示しなければならない。参議院議員の通常選挙は、議員の任期の終わる日の前三〇日以内に行う。但し、その通常選挙を行うべき期間が、参議院開会中又は参議院閉会の日から二三日以内にかかる場合においては、参議院閉会の日から二四日以後三〇日以内に行う。通常選挙の期日は、少なくとも一七日前に公示しなければならない（同第三二条）。それに基づき内閣が、実質的に決定したことを天皇が外部に公示する。

(7) 国務大臣及び法律の定めるその他の官吏の任免並びに全権委任状及び大使及び公使の信任状の認証

「認証」とは、ある行為が成立または存在していることを確認し、公に証明する行為のことである。この認証は、行為の成立要件あるいは効力要件でもないので、認証を必要とする行為に認証が欠けても、行為の効力の有無に関係はない。国務大臣は、内閣総理大臣が任免し、その他の官吏は、法律により内閣又は内閣総理大臣その他の機関が任命する。国務大臣以外の官吏の任免は、個々の法律で定められるが、天皇が認証するのは、最高裁判所裁判官、高等裁判所長官、検事総長、次長検事、検事長、検査官、人事官、宮内庁長官、侍従長、特命全権大使、特命全権公使、公正取引委員会委員長等がこれに該当する。これらを「認証官」と呼んでいる。内閣は、外交関係を処理し、条約の締結権を有するから、全権委任状や大使公使の信任状を発するのは内閣で、これを認証するのが天皇である。

(8) 大赦、特赦、減刑、刑の執行の免除及び復権の認証

恩赦の認証であり、恩赦は司法手続きによらず、行政権によって公訴権を消滅、あるいは裁判所の言い渡した刑の効果の全部、または一部を消滅させることである。大赦は、政令で罪の種類を定めて一般的に刑を免ずるもので、有罪の言渡しを受けた者について、その言渡しの効力を失わせ、有罪の言渡しを受けていない者については、公訴権を消滅させる（恩赦法第二条・第三条）。

特赦は、有罪の言渡しを受けた特定の者について、言渡しの効力を失わせるものである（同第四条・第五条）。減刑は、刑の言渡しを受けた者に対して、政令で罪若しくは刑の種類を定めて刑を減刑するものである。刑の執行の免除は、刑の言渡しを受けた特定の者に対して、刑の執行を免除するものである（同第八条）。復権は、有罪の言渡しを受けたために、法令の定めるところにより、資格を喪失し、または停止させられた者に対して、政令で要件を定めてこれを行い、その資格を回復させるものである（同第九条・第一〇条）。

(9) 栄典を授与

栄典とは、人の栄誉を表彰するために与えられた特殊な待遇である。明治憲法下においては、爵位、勲章その他の栄典が授与されていたが、日本国憲法の下では華族制度の廃止で爵の制度はなくなった。現在あるのは、文化勲章令に基づく文化勲章及び褒章条例による褒章の授与が行われている。栄誉、勲章その他の栄典の授与はいかなる特権も伴わない。栄典の授与は、現にこれを有しまたは将来これを受ける者の一代に限り、その効力を有するとした。栄典の授与は、天皇が形式的・儀礼的に行うが、栄典を具体的に何人に与えるかについては、助言と承認を行う内閣が実質的決定権を有する。

(10) 批准書及び法律の定めるその他の外交文書の認証

条約は、国家間の合意の文書であり条約を締結するのは内閣である（第七三条第三号）。したがって、条約の批准権は内閣にあり内閣が批准書を作成し、その批准書は天皇が認証する。天皇の認証を要する外交文書とは、大使、公使の解任状、領事官の委任状、外国領事の認可状等である。

(11) 外国の大使及び公使の接受

外国の大使、公使の接受は国政に関する行為とは異なり、単なる形式的・儀礼的行為にすぎないから、国家の象徴である天皇が行うのが、適していると考えたのであろう。「接受」とは、外国の大使、公使に接見し、それを接待するという儀礼的な行為である。全権委任状及び大使公使の信任状は、外交関係を処理する権限を有する内閣が作成し、それを天皇が認証する。

(12) 儀式の挙行

儀式とは、天皇自ら主宰する国家的儀式を行うことであり、儀式に参列することではない。皇室の私的な儀式は、国家的儀式ではないので、ここにいう儀式には該当しない。即位の礼（皇室典範第二四条）、大喪の礼（同第二五条）、立太子式等のような皇室典範に定める国家的儀式がそれである。天皇が行う儀式は、単なる儀礼的な性格を有するものでなければならず、政治的な意味を有することは許されない。また、憲法が国及びその機関と宗教の結合を排除する政教分離の原則を採っていることから、儀式が宗教的色彩を有するものであってはならない（第二〇条第三項）。儀式はあくまで宗教とは無関係なものであることを要し、宗教的色彩を帯びることは許されない。昭和天皇の崩御による大喪の礼は、国家的儀式であって、天皇の国事行為として行われたが、宗教的色彩は帯びていない。

五　天皇の権能の代行

天皇が自ら国事行為を行うことができない場合に、天皇に代わって天皇の権能を他の者に代行させる制度が必要になってくる。この場合に日本国憲法は、摂政及び国事行為の委任という二つの制度が設けられている。

(1) 摂　政

摂政は、皇室典範に定める法定の原因が発生したときに置かれる、天皇の法定代行機関である。法定の原因として、「天皇が成年（満一八歳）に達しないとき」、または「天皇が、精神若しくは身体の重患又は重大な事故により、国事に関する行為をみずからすることができないとき」である（憲法第五条、皇室典範第一六条）。摂政は、天皇の名で天皇に代わって国事行為を行うのであるから、その代行行為は、天皇が自ら行ったのと同様の効果が生じる。摂政は、天皇の代行機関であるから、国政に関する権能は有しないのは当然であり、摂政を行う国事行為についても、内閣の助言と承認が必要となることはいうまでもない。

摂政は、天皇のすべての国事行為を代行するが、国家の象徴たる地位は有しない。天皇が象徴としての地位を依然として有することになり、国事行為を自ら行えないので、摂政がその行為を代行するのみである。摂政となる資格を有するのは、成年の皇族に限られ摂政となる者の順序は、皇室典範に規定されている（皇室典範第一七条）。

(2) 国事に関する行為の委任

日本国憲法における天皇の国事行為の代行制度のもう一つは、天皇の「国事に関する行為」の委任である。憲法第四条第二項には、「天皇は、法律の定めるところにより、その国事に関する行為を委任することができる」と定める。これは摂政の法定代行機関とは異なり、天皇の意思によって置かれる委任代行である。この国事行為の委任については、「国事行為の臨時代行に関する法律」が制定され、それによると、天皇に、精神若しくは身体の疾患または事故があり、しかも、摂政を置くほど重大な障害でなく、一時的とみられる場合に、皇室典範第一七条の規定により摂政となるべき順位にあたる皇族に、国事に関する行為を委任して代行させることができる、とされている。臨時代行は、天皇の意思に基づいて他に委任して行わしめる場合であるから、天皇の海外旅行や摂政を置くほどでない病気のときなどが考えられる。この委任について、個々の国事行為を行うことの委任であるか、それとも天皇のすべての権能である包括的委任であるかについて争いがある。包括的委任を認めても大きな弊害もなく、また、それを禁止する法文上の規定もないことから、包括的委任を認めても不都合はないと解する。

第五節　皇室経済

日本国憲法の国政民主化制度は、天皇の地位や権能だけではなく、皇室の経済及び財政にも大きな変革をもたらした。明治憲法では、皇室の経済及び財政は皇室自律主義の原則が貫かれ、議会の関与は一切許されず、皇室は、固有財産の他に莫大な財産を所有していた。

ただ、皇室経済の増額の場合に議会の議決を要することにしていた（明憲第六六条）。これに対し、日本国憲法は、皇室自律主義を一切排除し、皇室経済に関する事項については、すべて国民の代表機関たる国会の議決に基づくものとした（第八条・第八八条）。

一　皇室財産の国有移管

憲法第八八条は、「すべて皇室財産は、国に属する」と定める。皇室財産とは、天皇及び皇族が所有する財産のことである。明治憲法下においては、皇室自律主義を採り、天皇及び皇室の財産は公私の区別がなく、国有財産から区別されて議会の関与は許されなかった。ところが、日本国憲法では皇室の財産について、公私を完全に区別し純然たる私有財産を除いて、公の財産は、すべて国有財産に移管することにした。皇室財産を国有に移管したからといって、必ずしもその財産を皇室が使用することを禁じるものではない。国有財産で国が皇室の用に供したり、または供するものと決定した財産は、皇室用財産という。なお、三種の神器、宮中三殿（賢所、皇霊殿、親殿）等の皇位とともに伝わるべき由緒ある物は、皇室の私有財産として皇位とともに、皇嗣がこれを受ける（皇室経済法第七条）と定め、昔から伝統的に歴代の天皇が継承してきた。

二　皇室の財産授受

「皇室に財産を譲り渡し、又は皇室が、財産を譲り受け、若しくは賜与することは、国会の議決に基かなければならない」（第八条）。ここで、「皇室に財産を譲り渡し」とは、皇室以外の者から皇室に財産を移転する行為をいい、有償や無償は問わないのである。「皇室が財産を譲り受け」るとは、財産の移転行為を皇室側からみた場合である。憲法の財政民主化により、皇室の財産及び費用についても、第八八条に基づく民主的制度に改められた。皇室の私有財産の授受を自由に認めると、特定の個人と皇室が特殊の関係に立ち、財閥化・政治的利用をすることを防止し、皇室と皇室外の者との財産の授受行為には、国会のコントロールに服するようにしたのである。国会の議決を要するのは、皇室以外の者から皇室への財産の移転行為に対する規定であるから、天皇と皇族及び皇族同士の間のような、皇室内部の財産の移転に関する制限規定ではない。

三　皇室の費用

皇室の費用は、すべて予算に計上して国庫から支出されるが、次の三種に区分される。

(1) 内廷費

天皇並びに皇后、大皇太后、皇太后、皇太子、皇太子妃、皇太孫、皇太孫妃及び内廷にあるその他の皇族の日常の費用、その他内廷諸費にあてられるものである（皇室経済法第四条第一項）。御手元金として自由に使用することが認められ、宮内庁の経理する公金としない（同第二項）。具体的には食費、交際費などがある。

(2) 宮廷費

内廷費以外の宮廷費にあてるもので、公金として宮内庁で経理する（同第五条）。具体的には行幸敬費、儀式、祭典費、宮殿管理費などがある。

(3) 皇族費

内廷にある皇族以外の皇族が、①皇族としての品位保持の資に充てるために、年額により毎年支出するもの、②皇族が初めて独立の生計を営む際に、一時金額により支出するもの、③皇族であった者としての品位保持の資に充てるために、皇族がその身分を離れる際に一時金額により支出するものの三種がある。皇室財産についての重要事項についての決定は、皇室経済会議の議を経なければならない。

第六節　皇室会議・皇室経済会議

明治憲法下においては、皇室の事務と一般の国務とは区別されて、皇室の事務は国家の事務と分離されていた。日本国憲法では皇族の事務と一般の国務との区別は廃止され、皇室の事務も国務の一部として、法律により、その設置及び権限を定めている。皇室に関する事務を議決し処理するための機関として、皇室会議、皇室経済会議、宮内庁といった機関が設けられている。皇室会議は、皇位の継承、摂政、皇族の身分に関する事項の議決機関である。構成は皇族二人、両議院の議長及び副議長、内閣総理大臣、宮内庁長官、最高裁判所長官及びその他の裁判官一人の合計一〇人をもって組織する（皇室典範第二八条）。

一方、皇室経済会議は、皇族が初めて独立の生計を営むことの認定、皇族がその身分を離れる際に支出する一時金額の決定などを議決する。皇室経済会議の構成は、衆議院及び参議院の議長及び副議長、内閣総理大臣、財務大臣、宮内庁長官、会計検査院長の合計八人で組織する。また八人の議員以外に別に八人の予備議員が置かれる（同第九条）。

（1）　橋本公亘・憲法（現代法律学全集2改訂版）、一九七六年、青林書院新社、四一〇〜四一一頁は、清宮教授が「天皇は、日本国家を構成する特別の一員として、象徴としての地位、国家機関としての地位、及び人としての私的地位が認められているという。そして、天皇は、国家機関として『国事に関する行為』を行うのであるが、国事行為にも私的行為にも属しない事項で象徴としての天皇の行為があるとされ、その例として、国会の開会式に参列して『おことば』を賜う行為、外国の元首との親書の交換、公的色彩をもった国内巡行等をあげられる。学説もこれを認めるものが多い。しかし、人としての私的地位のほかに、公的地位について、国家機関としての地位と象徴としての地位とを分かつことは、正しくない。それは、国家機関とし『国事に関する行為』を行うことの他に、広く天皇の公的行為を認める端を開くものである。思うに、天皇の地位は、国家機関としての公的地位および私的地位があるのみである。天皇が象徴としての地位を有し、そのことにもとづいて、国事行為をなす権能を与えられているのであり、国家機関として国事行為を行うのである」と説かれるが、注目すべき見解である。

（2）昭和二一年五月一九日に、被告人は「国体はゴジされたぞ　朕はタラフク食ってるぞ　ナンジ人民　飢えて死ね」と書いたプラカードをもってデモ行進に参加したことにより、不敬罪として起訴された。最高裁は大赦によって免訴を言い渡した（最大判昭和二三・五・二六刑集二巻六号五二九頁）。

（3）天皇の民事責任　昭和天皇の「病気快癒」のため、千葉県が県民記帳所を設置し、その設置費用を県の公費から支出した。そこで同県住民がこの支出を違法であるとして、地方自治法第二四二条の二第一項第四号によって、同県に代位し県知事に対し損害賠償請求を提起し、昭和天皇が右の設置費用相当額を不当利得し、現天皇がその不当利得を相続したものであるから、現天皇にその返還を求めたものである。これに対し、最高裁は、理由を述べることなく象徴天皇には、民事裁判権は及ばないと解するのが相当であると判示した（最判平成元・一一・二〇民集四三巻一〇号一一六〇頁）。

（4）佐藤功教授は、天皇の民事上の責任について、「刑事上の責任の場合と異なり、天皇が純然たる私人として行った行為により他人に損害を与えたという場合には、損害賠償など民事責任を問われ、民事裁判権に服するというべきである。このような場合における天皇の民事上の責任を肯定することが直ちに天皇が象徴たる地位にあることにふさわしくないものであるとは解されない」として民事責任を肯定する立場を主張される。佐藤功・日本国憲法概説（全訂第五版）、二〇〇一年、学陽書房、三四七頁。

（5）東京高判平成元・七・一九民集四三巻一〇号一一六七頁。

第四章　平和主義

第一節　戦争の放棄

第二次大戦は、戦争当事国の兵士や一般人民に多数の犠牲者を出し、日本では広島に続いて長崎に原子爆弾の投下という世界に前例のない方法によって、終結したのである。その結果、日本国民は、戦争がいかに残酷で悲惨なものであるか身をもって体験し、戦争を否定すると同時に深い反省に立ち、世界人類の平和を願って、憲法に平和主義を宣言したのである。

憲法前文の、第一段では、「われらとわれらの子孫のために、諸国民との協和による成果と、わが国全土にわたつて自由のもたらす恵沢を確保し、政府の行為によつて再び戦争の惨禍が起ることのないやうにすることを決意」したと述べ、平和主義の確立を目指し憲法を制定したことを表明している。第二段では、「日本国民は、恒久の平和を念願し、人間相互の関係を支配する崇高な理想を深く自覚するのであつて、平和を愛する諸国民の公正と信義に信頼して、われらの安全と生存を保持しようと決意した。……」と述べ平和主義を強調している。第三段でも、「いづれの国家も、自国のことのみに専念して他国を無視してはならない」と述べ普遍的な政治道徳を掲げ、平和主義の原則を宣言している。

第二節　第九条の解釈

一　第一項の解釈

第九条は、前文の平和宣言の趣旨を受けて、第一項に、「日本国民は、正義と秩序を基調とする国際平和を誠実に希求し、国権の発動たる戦争と、武力による威嚇又は武力の行使は、国際紛争を解決する手段としては、永久にこれを放棄する」と定める。ここでは、戦争及び戦争に至らない武力による威嚇又は武力の行使を放棄している。この規定で問題は、「国際紛争を解決する手段としては」という文言が付されている。これにより学説は次のように分かれる。第一説は、国際紛争を解決する手段としての戦争とは、侵略戦争を意味し、第九条第一項は侵略戦争のみを放棄していると解する。したがって、自衛戦争や制裁戦争は放棄されていないことになる。第二説は、第九条第一項は、侵略戦争も自衛戦争もすべての戦争が放棄されていると解する。第二説が正当であると解する。

二　第二項の解釈

第九条第二項の解釈も、戦力の不保持や交戦権の否認の解釈でまた見解が分かれる。第一項で「自衛戦争は放棄されている」と解すれば、第二項は自衛の目的でも一切の戦力は保持できず、すべての戦争を行う権利は放棄されるという意味になる。しかし、自衛戦争は放棄していないと考えると、種々の解釈ができる。戦力の不保持を①一切の戦力を保持しない意味と解する説、②侵略戦争のための戦力を保持しないと解する説。次に交戦権の否認については、ⓐ戦争すること自体を認めないと解する説、ⓑ国際法上、交戦国が有する権利を認めないと解する説の二つの見解がある。第一項を自衛戦争は放棄していないと解しても、第二項の解釈で①とⓐの解釈を採れば、結局、すべての戦争は放棄されていることになる。これに対し、第二項の解釈を②とⓑの解釈を採れば、侵略戦争はできないが、自衛目的の戦力を保持し、自衛戦争を行うことは放棄していないことになる。

三　自衛権

自衛権とは、刑法上の正当防衛と同じで、国家が他国からの急迫不正の侵害に対して、自国を防衛するためにやむをえない限度で実力を行使する国家の権利であり、それは国際法上の権利でもある。第九条は、このような自衛権の存在そのものを否定するものではない。

政府見解でも、「憲法九条……によりわが国が主権国として持つ固有の自衛権は何ら否定されたものではなく、わが憲法の平和主義は決して無防備、無抵抗を定めたものではない」と解するのが正当であるとしている（最大判昭和三四・一二・一六刑集一三巻一三号三二二五頁）。また、国連憲章第五一条にも、「この憲章のいかなる規定も、国際連合加盟国に対して武力攻撃が発生した場合には、安全保障理事会が国際の平和及び安全の維持に必要な措置をとるまでの間、個別的又は集団的自衛の固有の権利を害するものではない」として、「この自衛権の行使にあたって加盟国がとった措置は、直ちに安全保障理事会が国際の平和及び安全の維持又は回復のために必要と認める行動をいつでもとるこの憲章に基づく権能及び責任に対しては、いかなる影響を及ぼすものではない」と定めており、国連憲章の下での自衛権の発動を認めている。独立国家が固有の自衛権を有する以上、自衛権の行使は認められる。ただし、軍隊や戦力により戦争や武力の行使によって、その侵略を排除することは認められないのである。この自衛権の行使は個別的自衛権の行使であり、同盟国に対する武力行使が発生した場合に、自国に対する攻撃とみなし集団的に防衛する、いわゆる集団的自衛権は含まれないと解する。

(1) 自衛権の行使

自衛権の行使が可能でも、わが憲法が戦争を放棄し一切の戦力の保持を禁じ、交戦権を否認していることから、国家や国民に対する外国からの急迫、不正の侵害に対して、国家が採る必要最小限の実力行使でなければならない。また、自衛権の行使が許されるといって、自衛戦争ができることではない。自衛権の行使と自衛戦争は、明確に区別しなければならない。何故なら、憲法は、自衛戦争も放棄しているからである。

次に、自衛権の行使は、警察力及び軍事力の行使に至らない措置をいうが、実際問題としてその判断は困難なものであるが、国際情勢や兵器水準、能力等を総合的に判断することになるだろう。防衛庁白書によれば、「小型の核兵器が自衛のために必要最小限度の実力以内のものであって、他国に侵略的脅威を与えないものであれば、これを保有することは法理的に可能ということができる」としている。たとえ自衛権の行使といえども、第九条の解釈を逸脱してはならない。

(2) 集団的自衛権

ここで問題となるのが、集団的自衛権の行使である。集団的自衛権とは、同盟国が第三国から攻撃を受けた場合に、それを自国への武力攻撃とみなし反撃できる権利である。国連憲章第五一条は、「武力攻撃が発生した場合に個別的又は集団的自衛の固有の権利」を行使できるとし、国際法でも認められている。これまで歴代の内閣は、憲法第九条との関係で行使できないと解してきたが、安倍内閣は平成二六年七月一日の閣議決定[1]で解釈を変更した。その内容は、①日本と密接な関係にある他国が武力攻撃され、日本の存立が脅かされる明白な危険である事態（国家存亡の危機）、②危機が目前に迫り国民を守るために他に方法がない、③必要最小限の実力行使、という三要件を満たせば集団的自衛権による武力行使は憲法上可能とした。日本も国際法上は主権国家である以上当然、集団的自衛権を有するとしている。しかし、第九条の下で許される自衛権の行使は、専守防衛であるため、個別的自衛権の行使であり、日本を防衛するため必要最小限度の範囲にとどまるものでなければならない。したがって、集団的自衛権は、その範囲を超えるものであって、第九条の下では許されないと解する。

四　戦力の不保持

第九条第二項前段は、「前項の目的を達するため、陸海空軍その他の戦力は、これを保持しない」と定める。この「前項の目的を達するため」という文言がいかなる意味かについて、見解が分かれる。第一説は、第九条第一項が侵略戦争のみを放棄したものであり、自衛戦争まで放棄したものでないと解するならば、「前項の目的を達するため」というのは、侵略戦争のための戦力を放棄したことになる。したがって、侵略戦争のための戦力は保持できないが、自衛のための戦力は、保持できることになる。第二説は、第一項について、自衛の戦争まで含めたすべての戦争を放棄したものである、と解すれば、第二項前段は、自衛のための戦力も保持できないと解する。また、

「前項の目的を達するため」という文言が、「国際平和を誠実に希求し」を指すと解する立場は、第二項前段は自衛のためにも、戦力は保持できないと解する。

次に、戦力が何を意味するのかについても見解が分かれる。通説は、戦力を軍隊及び有事の際にそれに転化しうる程度の実力部隊であると解している。憲法に規定する陸海空の軍隊は、戦力に該当することには問題ないが、「その他の戦力」とは何を指すか問題になる。軍隊という名称を用いなくとも、有事の際に陸海空軍として、転化できる組織と実力を有するものと解する。広義に解すれば、警察力、航空機、重化学工業施設などといった「潜在的戦力」であるが、これらが憲法の禁止する戦力に該当するとは考えられない。憲法の禁じる戦力となるか否かの判断は、その意図した目的及び規模、さらには、その能力などを客観的にみて、それが有事の際に外敵に対し、戦闘行為が実質的に可能なものであるか否かにあると解する。さらに、自衛隊が、憲法の禁じる戦力にあたるか否かといった問題がある。政府は、自衛権は独立国家の固有の権利であって、自衛権に基づく「自衛のための必要最小限度の実力」としての自衛力を保持することは認められる。自衛隊はこの「自衛力」に他ならないとする。したがって、自衛力を保持することは、憲法の禁ずる戦力に該当せず合憲と解する。

五　交戦権の否認

第九条第二項は、「国の交戦権は、これを認めない」と定める。この交戦権の意味については、見解が分かれる。第一説は「国の交戦権」とは、国家が交戦国として、国際法上認められている諸権利とする。例えば、船舶の臨検・拿捕等の権利がこれに属する。第二説は、国家が戦争を行う権利とする。第九条第一項が侵略戦争を放棄しただけなのか、それとも、すべての戦争を放棄したものであるか、その見解の相違と第二項の解釈のいずれを採るかによって、解釈が分かれてくる。したがって、第九条第一項は、侵略戦争を放棄し自衛戦争までは放棄していないと解する見解は、第九条第二項後段で結局、自衛戦争までも放棄していることになる。

第三節　憲法第九条とＰＫＯ活動

世界中の人達を驚愕させた一九九一年のイラクの電撃的なクエート侵攻に対する、いわゆる湾岸戦争の勃発は、国際社会におけるわが国の国際貢献のあり方が、問われることになった。先進協力国が、戦争の危険を顧みずに自国の兵員を派遣しているのにも拘らず、経済大国である日本は、金銭的支援のみで静観することが許されるかということであった。

そこで、国際的な非難の回避手段として、政府のとった措置が自衛隊の派遣であった。これは国際連合総会、あるいは安全保障理事会の決議による国際平和維持活動（ＰＫＯ）のための国連平和維持軍（ＰＫＦ）として、参加させるものであったが、このことが憲法上認められている自衛権の行使の範囲を超えて、憲法第九条に違反するか否か問題となった。

従来、政府は第九条で容認されるのは、個別的自衛権の行使であり、集団的自衛権の行使は認められず、また国際紛争を解決する手段として、武力行使の目的で自衛隊を海外派兵することは許されない、という解釈を繰り返してきた。ところが、一九九二年六月には、自衛隊の海外派遣を可能にするＰＫＯ協力法（国際連合平和維持活動等に対する協力に関する法律）が成立し、同年八月に施行、同法施行令が制定され解釈に変化が生じた。すなわち、ＰＫＯ協力法制定の審議の過程で政府答弁は、自衛隊の武器使用は、派遣要員の生命等防護に限定することを条件に、「かりに平和維持軍が武力行使を行っても、これへの参加は武力行使と一体化するものではなく、違憲ではない」との解釈を採っている。思うに自衛隊の海外派遣であっても、非軍事的な目的の派遣は憲法上、認められる。問題は部隊として、軍事的武力行使の目的をもって海外派遣することは、もはや自衛の範囲を超える行動であり、憲法上、許されないというべきである。

砂川事件判決

この事件は、昭和三二年七月八日、東京都砂川町にあるアメリカ駐留軍使用の立川飛行場の基地拡張のための測量に反対するデモ隊が基地内に立ち入ったものである。このことが、日本国とアメリカ合衆国との間の安全保障条約「旧安保条約」第三条に基づく行政協定に伴う刑事特別法二条に違反するとして起訴され、「日米安保条約」そのものが違憲か否か争われたものである。第一審東京地裁判決は、わが国が外部からの武力攻撃に対する自衛に使用する目的で合衆国軍隊の駐留を許容していることは、指揮権の有無、合衆国軍隊の出動義務の有無に拘わらず、日本国憲法第九条二項前段によって禁止されている陸海空軍その他の戦力の保持に該当し、米駐留軍は違憲であるとした。これに対し、検察側は最高裁へ飛躍上告した。上告審は、憲法九条二項が、「戦力の不保持を規定したのは、わが国がいわゆる戦力を保持し、自らその主体となってこれに指揮権、管理権を行使することにより、同条一項において永久に放棄することを定めたいわゆる侵略戦争を引き起こすがごときことのないようにするためである」。「同条項がその保持を禁止した戦力とは、わが国がその主体となってこれに指揮権、管理権を行使し得る戦力をいうものであり……外国の軍隊は、たとえそれがわが国に駐留するとしても、ここにいう戦力には該当しないと解すべきである」、と判示した（最判昭和三四・一二・一六刑集一三巻一三号三二二五頁）。

恵庭事件判決

北海道千歳郡恵庭町にある島松演習場付近の酪農民は、自衛隊の爆撃、射撃訓練の騒音等によって、牧場で飼育している乳牛の搾乳量の減少による被害を受けたことに対し、演習の中止を求め抗議したが訓練が続行されたので、被告人（野崎兄弟）は射撃演習場の連絡用の通信線を数カ所切断した。このことが、自衛隊法第一二一条の防衛用器物損壊罪にあたるとして起訴された事件である。被告人側は、自衛隊法、自衛隊は違憲無効である旨を主張し、自衛隊の合憲・違憲について判断がなされると国民は期待した。しかし、札幌地方裁判所は、通信線は自衛隊法第一二一条の「その他の防衛の用に供する物」に該当しないとして、被告人に無罪を言い渡した。そして、自衛隊の憲法判断については、通信線の切断行為が自衛隊法の構成要件に該当しない以上、もはや憲法問題に関してはなんらの判断を行う必要がないのみならず、これを行うべきでもない、として憲法判断を回避した（札幌地裁昭和四二・三・二九下刑集九巻三号三五九頁）。

長沼事件判決

北海道長沼町に所在する通称馬追山国有林と呼ばれる水源涵養目的の国有保安林の一部、三五ヘクタールに自衛隊のナイキ基地を建設するために、国が森林法第二六条第二項により、右の保安林指定の解除処分を行ったのに対し、ナイキ基地建設に反対する原告地域住民一七三人が、自衛隊は違憲であるからそのナイキ基地建設のために保安林指定を解除することは、同条にいう「公益上の理由により必要が生じたとき」に該当せず、したがって、右解除処分は違憲、無効であるとして争ったものである。

第一審の札幌地裁判決は、国側の自衛隊は自衛のための必要最小限度の自衛力であって違憲ではないとの主張に対し、自衛隊は明らかに憲法九条二項の禁止している「陸海空軍」に該当し違憲であるとした（札幌地裁昭和四八・九・七判時七一二号二四頁）。判決の要旨は次のとおりである。①ナイキ等の施設基地は一朝有事の際にはまず相手国の攻撃の第一目標になるものと認められるから、原告らの平和的生存権は侵害される危険がある。②九条は一切の戦争を放棄するものであり、一項は自衛戦争までも放棄していないが、二項の「前項の目的を達するため」の「前項の目的」は一項の「国際紛争を解決する手段として」の戦争、武力行使を放棄することのみ限定されず、また交戦権の否認は無条件的であるから、二項によって、軍隊その他の戦力による自衛戦争も事実上行うことが不可能となった。③「陸海空軍」とは、通常の観念で考えられる軍隊の形態であり、あえて定義づけるならば、それは「外敵に対する実力的な戦闘行動を目的とする人的、物的手段としての組織体」である。「その他の戦力」とは、「陸海空軍以外の軍隊か、軍という名称をもたなくとも、これに準じ、又はこれに匹敵する実力をもち、必要ある場合には戦争目的に転化できる人的、物的手段としての組織体」をいう。④裁判所が認定した自衛隊の編成、規模、装備、能力からすると、自衛隊は明らかに「陸海空」の軍隊といえる。したがって、自衛隊は、憲法九条二項によって保持を禁止されている戦力に該当し違憲であるとした。第二審判決（札幌高判昭和五一・八・五行裁例集二七巻八号一一七五頁）は、保安林指定を解除された地域におけるナイキ基地反対に伴い、灌漑用水源の保全や洪水の防止等のための完全な代替施設が設けられたために、原告側の「訴えの利益」は存在しないという理由で訴えを却下した。上告審は、代替施設の設置により、洪水や渇水の危険は社会通念上なくなり、原告側に取消しを求める「訴えの利益」は存在しない、という理由で訴えを棄却した（最判昭和五七・九・九民集三六巻九号一六七九頁）。九条の解釈については判断を示さなかった。

（1）　改正自衛隊法、改正武力攻撃事態法、改正国際平和協力法など一〇の法律を含めた平和安全法制整備法と国際平和支援法から構成される安保関連法が平成二七年九月一九日に制定されるに至っている。

第五章　国民の基本的人権

第一節　国　　民

一　国民の意味

日本国憲法でいう国民という語には、国民主権という場合の国民、国家機関としての国民、個々の国民というようにいろいろの意味に用いられる。

(1) 国家機関としての国民

国民が、国家機関として行動する地位が認められる場合がそれである。憲法改正の承認をする場合や国会議員を選挙し、最高裁判所裁判官の国民審査をする場合がそれである。国民は、主権者であるから国家意思を最終的に決定する権限を有するが、すべての事項について、国民の意思による決定を要求することは、事実上、不可能である。そこで、憲法は一定の事項に限り、国民の意思決定を求めることにしている。

（2）主権者としての国民

国民主権という場合の国民がそれである。前文の「日本国民は……ここに主権が国民に存することを宣言し、この憲法を確定する」及び第一条の「主権の存する日本国民」と謳っているは、この国民主権主義を指すものである。主権の保持者としての国民とは、年齢や性別を問わず自然人たる全国民の意味である。

（3）個々の国民

国家を構成している個人もまた国民と呼んでいる。国家の構成員としての国民は、国家の統治権に服する者で、未成年者や成年者はもちろんのこと天皇、皇族を含む広い意味の国民である。

二　国民の要件

第一〇条は、「日本国民たる要件は、法律でこれを定める」と定める。ここにいう法律とは、国籍法のことである。したがって、日本国民たる要件は、国籍法の定めるところによらねばならないことになる。国民たる資格が国籍であるから、日本国民であるためには、日本国籍をもっていなければならない。

三　国籍の取得

国籍取得の要件については、各国の国法の自由に定めるところである。国籍は通常、出生によって取得されるが、出生によらない場合もある。出生による国籍の取得は、原則として属人主義（血統主義）を採っているが、例外として属地主義（土地主義）をとっている。

すなわち、①出生のときに父又は母が日本国民であるとき、②出生前に死亡した父が死亡のときに日本国民であったときは、血統主義により日本国民とする。③日本で生まれた場合において、父母がともに知れないとき、または国籍を有しないときは日本国民とする。この場合には例外として、属地主義が採られるのである。出生により外国の国籍を取得した日本国民で国外で生まれた者は、戸籍法の定めるところにより日本の国籍を留保する意思を表示しなければ、その出生のときにさかのぼって日本の国籍を失う（国籍法第一二条）。出生後に日本人に認知されていれば、父母が結婚していない場合にも届出によって日本の国籍を取得することができる（同第三条）。日本国民でない者は、帰化によって日本国籍を取得できる。帰化をするには、法務大臣の許可を受けなければならない（同第四条）。法務大臣は、帰化を希望する外国人に一定の要件が備わっていれば、許可を与えることができる（同第五条から第九条）。

第二節　基本的人権の保障

一　基本的人権の観念

明治憲法も第二章で臣民の権利義務を定めていた。しかし、そこで保障された臣民の権利義務は、天皇又は国家からその恩恵として与えられたものであり、人が生まれながらに当然有するものではなかった。したがって、国家は目的のために必要があれば、いつでも法律を制定して、臣民の権利や自由を制限することができた。これに対し、日本国憲法は、明治憲法と全く異なる人権保障で、基本的人権とは、人間が人間として生まれながらに当然有する権利、「生来の前国家的権利」であるとする。第一一条に、「国民は、すべての基本的人権の享有を妨げられない。この憲法が国民に保障する基本的人権は、侵すことのできない永久の権利として、現在及び将来の国民に与へられる」と規定し、第九七条に基本的人権が「現在及び将来の国民に対し、侵すことのできない永久の権利として信託されたものである」とあるのは、このことを宣言したものである。このように基本的人権は、この憲法によって初めて国民に与えられたのではなく、憲法以前から人間として生まれながらに国民に与えられている「固有の権利」なのである。

二　人権の歴史

ヨーロッパでも人権の保障が確立されるまでには、長年にわたる闘争の歴史があり、その発端とされるのが、古くは一二一五年のイギリスのマグナカルタ（Magna Carta）である。イギリスの国王ジョンに対して、王権の制限と諸侯の権利を確約させた文書であり、人間の権利を宣言したものではなく、本来の基本的人権の保障とは異なるものであった。その後、イギリスでは一六二八年の権利請願や一六八九年の権利章典等が、国民の権利として保障された。これらは、従来から有するイギリス国民の権利を、確認したものにすぎず、人間が人間として、生まれながらに当然有する基本的人権といった、天賦人権思想に基づく権利ではなかった。このような思想的背景のもとに、天賦人権思想が現れ始めたのが一七七六年のヴァージニアの権利章典、一七七六年のアメリカ独立宣言である。このような影響を受けて、一七八九年にフランスの人権宣言が生まれた。フランス人権宣言も前国家的権利として、アメリカ諸州の憲法と同じ思想の流れを継承している。フランスの人権宣言は、ヨーロッパの国々に大きな影響を及ぼし、諸国の憲法には、すべて権利保障の規定が設けられていった。しかし、それは天賦人権思想の影は薄く、憲法で保障する権利は、前国家的な権利ではなく、国家によって与えられた権利であるとされた。一八世紀から一九世紀における人権保障は、国家権力からの自由を実現しようとするものであった。つまり、自由放任主義である。そこに掲げられる人権は、自由権が中心となり、個人は宗教の自由、思想の自由、言論、出版の自由、人身の自由、居住、移転、職業選択の自由、財産権の保障等々を要求し獲得したのである。一八、九世紀の保障する人権は、自由的基本権といわれ、それは国家権力による不当な侵害を排除して、自由に活動できるという、「国家権力からの自由」を意味するものであった。ところが二〇世紀に入り、資本主義の発達と共に貧富の差が著しくなり、労使の対立、貧困、失業などの多くの社会問題が生じ、国家が自由放任主義による統治では、国民の本当の福祉は望めなくなった。そこで、人間が人間らしい生活を送れるように、つまり実質的な福祉を実現するためには、国家の積極的な介入が必要となった。国家の積極的介入を要求する権利として、登場したのが社会権である。生存権、教育を受ける権利、勤労権、労働者の団結権、団体交渉その他の団体行動権等がそれである。

三　基本的人権と公共の福祉

(1) 基本権の制約

憲法は、基本的人権を侵すことのできない永久の権利として保障するが、何らの制約も受けない絶対的な権利であろうか。第一三条は、「生命、自由及び幸福追求に対する国民の権利については、公共の福祉に反しない限り、立法その他の国政の上で、最大の尊重を必要とする」とあり、第一二条には、「国民は、これを濫用してはならないのであつて、常に公共の福祉のためにこれを利用する責任を負ふ」と定める。このことから、「公共の福祉」を理由に、基本的人権を制限することが許されるかどうかが問題となり、学説が分かれる。

①第一説は、基本的人権は、すべて「公共の福祉」により制限できるとする（外在的制約説）。したがって、「公共の福祉」を理由に法律により、基本的人権を制限することは可能であるとする。しかし、この説に対し、「公共の福祉」を理由に法律で基本的人権を制限できるとすれば、明治憲法における「法律の留保」のついた人権保障と同じことになる、という非難がある。②第二説は、基本的人権を制限できるのは、その旨が明文で定められている第二二条や第二九条の場合に限り許されるとする（内在・外在二元的制約説）。この説も、基本的人権が、絶対無制約であることを主張するものではなく、各基本権には内在的制約がある旨を説くのである。③第三説は、「公共の福祉」を人権相互の矛盾、衝突を調整するための実質的公平の原理と捉える。それには人権相互の衝突を調整する自由国家的公共の福祉と、社会権を保障するための経済的自由の制限である、社会国家的公共の福祉の二つに区別される（一元的内在制約説）。「自由国家的公共の福祉」とは、その人権が生まれながらにもっている制約であり、人権はすべて生まれながらにして制約をもっている、とするものである。「社会国家的公共の福祉」は、社会権を実質的に保障するために、経済的弱者を救済するために、強者の権利を制限することで経済的弱者の権利を保護しようとするものである。

(2) 違憲審査基準

次に、人権制約の限界を画定するために、違憲審査の基準として比較衡量論と二重の基準論がある。

比較衡量論とは、基本的人権を制限することによって得られる利益と、それを制限しないことによって失われる利益とを比較し、前者の利益が大きいと判断される場合には、それによって人権を制限できる、というものである。この考え方は、国家権力と国民の利益衡量の場合には、国家権力の利益が優先する蓋然性が高いという難点がある。最高裁は、博多駅テレビフィルム提出事件において、取材の自由を制約せざるをえないこともありうるとしつつ、「このような場合においても一面において、審判の対象とされて取材したものを証拠として提出させられることによって報道機関の取材の自由が妨げられる程度およびこれが報道の自由に及ぼす影響の度合その他諸般の事情を比較衡量して決せられるべきであり、これを刑事裁判の証拠として使用することがやむを得ないと認められる場合においても、それによって受ける報道機関の不利益が必要な限度を超えないように配慮されなければならない」として比較衡量論を採用している（最大決昭和四四・一一・二六刑集二三巻一一号一四九〇頁）。

二重の基準論（double standard）とは、アメリカの判例理論に基づくものであり、基本的人権に対する制約について、精神的自由を規制する法律に対する裁判所の合憲性判断の基準は、経済的自由を規制する法律に対する場合よりも、厳格な基準によって審査しなければならないとする。この二重の基準論は、わが国の学説でも広く支持され、判例においても採り入れられている。

四　基本的人権と私人間の法律関係

基本的人権の保障は、国家権力による侵害から、個人の権利、自由を守るものである。ところが、二〇世紀に入ると資本主義の発達により、巨大企業、労働団体などの巨大な力をもった社会権力によって、個人の権利、自由が侵害されることが多くなり、個人の人権が脅かされるようになってきた。つまり、国家に匹敵する社会権力による人権侵害からも、国民の人権を保護する必要があるのではないか、という問題が生じてきた。憲法の基本権規定が、国家と個人の関係を規律するものであるから、私人間の関係には及ばないとすれば、近代憲法の理念は実質的に失われることになる。そこで、このような場合に基本権規定が私人間に及ぶか否か、及ぶとすればどのように理論付けをするか、という問題がある。この点について学説は次のように分かれる。

(1) 無効力説

憲法は、もっぱら国家と国民との関係を規律する公法であるから、人権保障の規定は、特別の定めがある場合を除いて、私人間には一切適用されないとする見解である。明治憲法下においては、この見解を唱える学説も多かったが、今日ではこの説を支持する学説は少ない。

(2) 直接適用説

憲法の人権規定は、私人相互間にも直接適用できる可能性のある限り、直接適用するとする見解である。人権保障に関する規定のごときは、私的な関係にも拡大されることは当然であるとする。しかし、この直接適用説は、すべての人権規定を私法関係に直接適用することを主張するものではなく、ある種の人権に限り私人間に直接適用しようとするものであり、自然思想などを前提としている。

(3) 間接的適用説

この説は、ドイツの判例・学説を参照して提唱されたものであり、わが国の学説でも、通説の地位を確立している。私法の領域を支配している一般原則の中に、憲法の基本的人権の原則を採り入れることによって、私人相互間の法律関係に基本的人権規定を適用させるものである。つまり、私人相互間において合理的理由なく、不当に権利や自由を侵害することは、民法第九〇条の公の秩序、善良の風俗に違反し無効、違法であるとする。この間接適用説が、わが国の通説的見解である。[(1)(2)] 直接適用説か間接適用説のいずれを採るにせよ、憲法の第三者効力を認めることになるが、問題はいかなる基本権規定が、いかなる程度で、いかなる法律関係に及ぶかということである。

三菱樹脂事件判決

原告は、昭和三八年三月東北大学法学部を卒業して管理職要員として三菱樹脂株式会社に三ヶ月の試用期間を設けて採用されたが、入社試験に際し学生運動歴を秘匿し虚偽の申告をしたという理由で本採用を拒否された。このため原告は、採用許否は憲法第一四条、第一九条、労働基準法第三条に違反するとして争った事件である。第一審は、このような本採用許否は解雇権の乱用に当たるとして原告の主張を認めた。第二審（東京高裁）は、間接適用説を採り右のような申告を求め、その結果に基づき採否を決することは、民法第九〇条の公序良俗に違反し許されないとした。

この判決に対し、最高裁は、憲法一九条、一四条は、「その他の自由権的基本権の保障規定と同じく、国または公共団体の統治行動に対して個人の基本的な自由と平等を保障する目的に出たもので、もっぱら国または公共団体と個人との関係を規律するものであり、私人相互の関係を直接規律することを予定するものではない。このことは基本的人権なる観念の成立および発展の歴史的沿革に徴し、かつ、憲法における基本権規定の形式、内容にかんがみても明らかである」……「私的支配関係においては、個人の基本的な自由や平等に対する具体的な侵害またはそのおそれがあり、その態様、程度が社会的に許容しうる限度を超えるときは、これに対する立法措置によってその是正を図ることが可能であるし、また、場合によっては、私的自治に対する一般的制限規定である民法一条、九〇条や不法行為に関する諸規定等の適切な運用によって、一面で私的自治の原則を尊重しながら、他面では社会的許容性の限度を超える侵害に対し基本的な自由や平等の利益を保護し、その間の適切な調整を図る方途も存する」とした上で、具体的に思想、信条の自由について、「企業者が雇用の自由を有し、思想、信条を理由として雇い入れを拒んでも」違法とはいえない以上、「企業者が労働者の採否決定にあたり、労働者の思想、信条を調査し、そのためその者からこれに関連する事項についての申告を求めることも、これを法律上禁止された違法行為とすべき理由はない」と判示した（最大判昭和四八・一二・一二民集二七巻一一号一五三六頁）。

五　基本権保障の人的範囲

基本的人権を享有する主体が、国民であることは第三章に「国民の権利義務」と題していることから、また、第一一条、第一二条、第一三条にも国民の人権と規定していることから明らかである。しかし、日本国民すべてが人権の享有が認められるのか、あるいは日本国民以外の者にも人権の享有が認められるのではないか、といった問題がある。

(1) 天皇・皇族

天皇も皇族も日本国籍を有する日本国民であるが、基本的人権の享有主体の国民に含まれるかどうかについて、説が分かれる。天皇は、世襲で象徴としての地位を有することから、一般国民とは異なった取扱いを受け、第三章で保障する国民の権利義務の主体としての国民には、含まれないものがある。憲法第四条は、天皇について、国政に関する権能は有しないと規定しており、政治的中立が要求されることから、選挙権、被選挙権の参政権は認められない。また、特定政党に加入する自由、外国に移住する自由、国籍を離脱する自由も有しない。しかし、天皇も個人として尊重されるから、思想・良心の自由、信教の自由、学問の自由などは保障される。皇族は象徴たる地位を有しないが、皇位継承の資格を有するから一般人と異なる。皇族が、いかなる自由や権利を有するかは、個々具体的に検討しなければならない。言論の自由を有するといっても、国政に影響を及ぼし、あるいは及ぼす可能性のある言論は許されない。その他、皇族男子の婚姻は皇室会議の議を経ることを要し、一定の場合を除いて皇室の財産授受には、国会の議決を必要とする。

(2) 外国人

次に、わが国に在留する外国人にも、基本的人権の享有が認められるかどうかについて、学説が分かれる。

①第一説は、消極説で憲法第三章は日本国民の権利を保障するものであって、外国人の人権まで保障するものではないとする。しかし、日本国憲法の基本的人権は、前国家的自然法思想に基づく権利であると考えると、外国人の人権を保障外と解することは、憲法の趣旨に反することになり、肯定できないとする。

②第二説は、文言説と主張されるもので、憲法に規定する文言によって区別する考え方である。憲法第三章の規定が「何人も」と「国民は」という表現に区別していることに着眼して、人権規定の中に「国民は」と規定される場合は、日本国民のみを保障する意味で、「何人も」と規定している場合は、外国人にもその保障が及ぶと解するものである。憲法の各条項からして憲法制定者が、このような技巧的方法を用いて使い分けをしているとは考えられず、第二二条第二項の国籍離脱の自由は、日本国民の日本国籍からの離脱の自由を保障する規定であり、外国人の自由を保障したものと解することはできない。

③第三説は、性質説といわれるもので、憲法が保障する権利の性質によって、外国人にも適用又は類推適用されるものと、そうでないものとを区別すべきであるとする説である。この見解は、権利の性質が許す限り、外国人に対しても、憲法の保障を認めようとする点で、自然法思想に立脚した人権尊重の憲法の精神に適合する見解であり通説である。

最高裁判所の判例も、「憲法第三章による基本的人権の保障は、権利の性質上、日本国民のみをその対象としていると解されるものを除き、わが国に在留する外国人に対しても等しく及ぶものと解すべきであり、政治活動の自由についても、わが国の政治的意思決定又はその実施に影響を及ぼす活動等外国人の地位にかんがみこれを認めることが相当でないと解されるものを除き、その保障が及ぶものと解するのが、相当である」と判示して、憲法の基本的人権の保障が、外国人にも原則として及ぶことを明示している（最大判昭和五三・一〇・四民集三二巻七号一二二三頁）。なお、外国人に保障されないことが明らかな権利は、原則として選挙権、被選挙権であり、入国の自由も保障されない。入国の自由が保障されないことは、憲法第二二条第一項は、「日本国内における居住・移転の自由を保障する旨を規定するにとどまり、外国人が、わが国に入国することについては、なんら規定していないものであり、このことは、国際慣習法上、国家は外国人を受け入れる義務を負うものではなく、特別の条約がない限り、外国人を自国内に受け入れるかどうか、また、これを受け入れる場合にいかなる条件を付するか、当該国家が自由に決定することができるものとされていることと、その考えを同じくするものと解される」（最判昭和三二・六・一九刑集一一巻六号一六六三頁）として、入国の自由は外国人には認めていない。これに対し、法の下の平等、精神的自由、身体的自由、経済的自由、法定手続きの保障などは、外国人にも適用が及ぶ。思うに、日本国憲法の人権が、基本的に自然権的な前国家的権利であること、個人尊重の原則、国際協調主義などを考えれば、憲法は人権を外国人にも原則として、保障していると解すべきである。

⑴　**参政権**　外国人の参政権については、近年、判例や学説にも変化が出てきている。国政選挙権については、日本国籍を有する日本国民に限ると解する。参政権が国民固有の権利であり、国民主権主義の原理からして外国人には認められない。しかし、地方選挙については、「我が国に在留する外国人のうちでも永住者等であってその居住する区域の地方公共団体と特段に密接な関係を持つに至ったと認められるものについて」、「法律をもって、地方

公共団体の長、その議会の議員等に対する選挙権を付与する措置を講ずることは、憲法上禁止されているものではない」[3]と解している。また、そのような「措置を講ずるか否かは、専ら国の立法政策にかかわる事柄」であり、「このような措置を講じないからといって違憲の問題を生ずるものではない」としている。そして、「地方公共団体の長及びその議会の議員の選挙の権利を日本国民たる住民に限るものとした地方自治法一一条、一八条、公職選挙法九条二項の各規定が憲法一五条一項、九三条二項に違反」しないとする（最大判平成七・二・二八民集四九巻二号六三九頁）。

(2)　公務員就任権　外国人が、わが国のすべての公務に就任することができないわけではない。判例は、「公権力行使等地方公務員の職務の遂行は、住民の権利義務や法的地位の内容を定め、あるいはこれらに事実上大きな影響を及ぼすなど、住民の生活に直接間接に重大なかかわりを有するものである。それゆえ、国民主権の原理に基づき、国及び普通地方公共団体による統治のあり方については日本国の統治者としての国民が最終的な責任を負うべきであること（憲法第一条、同一五条一項参照）に照らし、原則として日本の国籍を有する者が公権力行使等地方公務員に就任することが想定されているとみるべきで」あるとして、公権力行使等の公務に従事することに外国人を認めていない（最判平成一七・一・二六民集五九巻一号一二八頁）。また、「国の統治作用である立法、行政、司法の権限を直接行使する公務員」は、「国の統治作用に直接に関わる公務員であるから、これに就任するには日本国民で」なければならず、法律で外国人を就任させることは、「国民主権の原理に反するものとして憲法上許されない」（東京高判平成九・一一・二六高民集五〇巻三号四五九頁）と判示する

(3)　法　人

憲法の保障する人権の性質から自然人に対する保障であることは、明らかである。そこで、法人も人権の享有主

体となりうるかどうか問題となる。通説・判例は法人にも性質上可能な限り基本的人権の保障が及ぶと解している。それは、第一に、法人の活動が自然人を通して行われ、その効果が最終的には自然人に帰属するからである。第二に、法人の現代社会における活動が独立した実態をなしており、自然人と何ら差異がないことなどがあげられる。最高裁も八幡製鉄政治献金事件判決(4)で、「憲法第三章に定める国民の権利および義務の各条項は、性質上可能な限り、内国の法人にも適用するものと解すべきである」、として性質上自然人に限定されるような人権（生存権・社会権）以外の人権は国内の法人にも適用されるとした。また、法人の政治的行為をする自由について、「会社は、自然人たる国民と同様、国や政党の特定の政策を支持、推進し又は反対するなどの政治的行為をなす自由を有する」としている（最判昭和四五・六・二四民集二四巻六号六二五頁）。

第三節　包括的人権

第一三条は、「すべて国民は、個人として尊重される。生命、自由及び幸福追求に対する国民の権利については、公共の福祉に反しない限り、立法その他の国政の上で、最大の尊重を必要とする」と規定する。この規定が包括的人権の根拠としてあげられる。憲法第一四条以下には各種の人権規定を保障しているが、これらの人権規定が憲法で保障するすべての権利を規定しているわけではない。特に国家権力によって侵害されやすい人権を、例示的に列挙したにすぎないのである。憲法第一三条は、個々の規定で保障される権利はもちろん、これらの個別の条文によって保障されていない権利も包括的に保障したものである。そのために第一三条が包括的人権と称されるのである。

「生命、自由及び幸福追求に対する国民の権利」は、憲法各条の保障する権利及び自由はもとより、各条に列挙されていないが、人間の尊厳を保護するために必要と思われる諸権利は、すべて本条により保障されているのである。この幸福追求権から導き出される権利として、肖像権[5]、プライバシー権[6]、環境権、日照権、アクセス権、嫌煙権等がある。これらの権利は、憲法の条文に明記されてない権利であるため、新しい人権といわれるが、すべて第一三条によって包括的に保障[7]されているのである。

判例によると、プライバシーの権利は、直接、自由及び幸福追求の権利から導き出すものではないが、この権利を一般的に承認したこと自体の意義は大きいとして、その後、実定法上、肖像権が確立されていないとしても、「自由及び幸福追求に関する国民の権利の一内容として、公共の福祉に反しない限り、国民はその承諾なくして写真を撮影されたり、これをみだりに公表されたりすることが無いことを内容とする権利をもつ」とする（東京高判昭和四三・一・二六高刑集二一巻一号二三頁）。また、「何人もその承諾なしに、みだりにその容ぼう・姿勢……を撮影されない自由」は憲法上の保障を受けるという解釈をするに至っている（最大判昭和四四・一二・二四刑集二三巻一二号一六二五頁）。しかし、写真週刊誌のカメラマンが、法廷内にカメラを持ち込み裁判所の許可なく、手錠をされ、腰縄をつけられた状態の容ぼう等を隠し撮りし公表する行為は、社会生活上受忍すべき限度を超えて、人格的利益を侵害するものである。同様に容ぼう等を描写したイラスト画の公表行為についても写真と異なるイラスト画の特質を参酌しても、不法行為法上違法であるとする（最判平成一七・一一・一〇民集五九巻九号二四二八頁）。プライバシーの権利が人格権の一つとして憲法上保障されるからといって、それは決して無制約を意味するものではなく、制約を受けることは他の人権と同様である。ところで、新しい人権の一つである「環境権」が問題となっているが、昭和三〇年代の後半からの高度経済成長による工業化、都市化は人間の住む生活環境を破壊し、大気汚染、水質汚濁、騒音、振動、悪臭、地盤沈下、日照妨害、農薬汚染などのいわゆる「公害」が増大している。これらの公害による被害は、全国的に広がり各地で大きな社会問題となった。熊本の水俣病訴訟、四日市喘息病訴訟、神通川流域のイタイイタイ病訴訟、新潟水俣病訴訟等のいわゆる四大公害訴訟といわれる訴訟事件は記憶に新しい。公害は、自然環境を破壊し人間の生存を脅かすものである。そこで、人間が健康を保持して、人間たるに相応しい生活環境を保全することを主張するようになった。これが、いわゆる環境権である。新しい人権といわれる環境権は、自然環境との関係で成立する人格権ともいうべき側面をもつが、憲法を根拠にして主張する考え方が現れている。その根拠規定が第一三条及び第二五条である。判例は、大阪空港公害訴訟で、空港周辺住民が空港設置管理者である国を相手どり、離着陸する多数の航空機のもたらす騒音、排気ガス、煤煙等によって、生活環境が破壊されたことを理由として、夜間飛行等の差し止めと損害賠償を求めた。これに対し、第一審判決(8)は、人格権の侵害を理由に判断し、環境権を否定し、控訴審(9)も夜間の航空機離着陸は禁止するという差し止め請求は認めたが、人格権の侵害によるもので、環境権についての考察は避けている。

第四節　法の下の平等

一　総　説

個人の尊厳を基本理念とする近代民主主義の原理は、すべての個人が自由であると同時に、どのような個人をも平等に取り扱うものでなければならない。アメリカの独立宣言は、「すべての人は平等に造られ、各々造物主によって一定の奪いがたい天賦の権利を賦与され、その中に生命、自由および幸福の追求の含まれることを信ずる」と宣言し、フランス人権宣言は、第一条で、「人は自由でかつ権利においても平等なものとして出生しかつ生存する」と宣言した。これらの宣言は、封建制度や絶対君主制の下で、身分的差異により苦しみ拘束された状況の人間を解放し、前国家的な自然法思想に基づく、生まれながらの平等を主張するものである。明治憲法は、法の下の平等を一般的に保障した規定はなかったが、第一九条に、「日本臣民ハ法律命令ノ定ムル所ノ資格ニ応シ均ク文部官ニ任セラレ及其ノ他ノ公務ニ就クコトヲ得」と定め、公務の就任について、法の下の平等を規定するのみであった。しかし、平等といっても、実際は華族制度が採用され、華族には貴族院議員となる政治的特権が与えられ、女子には参政権が与えられず、法律上の取扱いにおいても、男女の差別が強く、真の平等は実現されていなかった。これに対し、日本国憲法は第一四条第一項で、「すべて国民は、法の下に平等であつて、人種、信条、性別、社会的身分又は門地により、政治的、経済的又は社会的関係において、差別されない」と平等原則を明示している。この原則を受けて、第二四条で家庭生活における「両性の本質的平等」、第二六条で「ひとしく教育を受ける権利」、第四四条で議員及び選挙人の資格の平等について規定し、平等思想が憲法上保障されている。

二　法の下の平等の問題点

この法の下の平等については、①第一四条第一項前段の法の下の平等の保障は、行政権、司法権に限らず立法権をも拘束するか、②第一四条第一項後段に列挙されている人種、信条、性別、社会的身分、門地という差別禁止規定は例示列挙か、それとも限定列挙なのか、④差別は絶対的に禁止されるのか、合理的差別は許されるのか、合理的差別は許容されるとすれば、それはどのような内容であればよいのか等といった問題がある。

三　法の下の平等の意味

まず、憲法第一四条第一項は、「すべて国民は、法の下に平等であつて、人種、信条、性別、社会的身分又は門地により、政治的、経済的又は社会的関係において、差別されない」と定める。この第一四条第一項前段と後段の意味と両者の関係について、法の下の平等の規定は「法適用の平等」のみを意味するのか、それとも「法内容の平等」を含むか、ということについて学説が分かれる。

①第一説は、「立法者拘束説・例示列挙説・相対的平等説」と呼ばれるもので、前段の「法の下の平等」とは、法適用の平等だけでなく、法内容の平等を含み行政、司法のみならず、立法者も拘束すると解し、後段の事項については、不平等に扱ってはならない事項を例示的に列挙したにすぎず、この平等原則は絶対的なものではなく、合理的根拠があれば不平等な扱いもやむをえないとする見解である。判例は立法者拘束説を採るのである。[10]

②第二説は、「立法者非拘束説・限定列挙説・絶対的平等説」と呼ばれるもので、前段の「法の下の平等」とは、法を適用する行政及び司法機関のみを拘束し、立法者を拘束せず法の適用は、平等であることを要請するものであり、後段の事項については、列挙された事項に限られ、これらの事項に関する法を適用する場合には、その適用は絶対的に平等でなければならないとする見解である。

四　相対的平等

平等とは、国家機関は国民を差別して取り扱ってはならないことをいうが、法の下の平等は、絶対的平等、相対的平等のいずれを保障したものであろうか。平等の趣旨からすれば、完全、絶対的平等を実現することを理想としているように解されるが、実は完全、絶対的平等を実現することは不可能であり、敢えてそれを実現しようとすれば、逆に不平等を強制することになる。以上のことから、平等という概念は、機械的・絶対的平等ではなく、相対的平等というべきである。それは社会生活を営んでいる人間には、具体的にそれぞれ事実上の差異があるからである。例えば、成人と少年とでは精神的、身体的にも著しい差異があり、このような違いを無視して、全く等しく取り扱えば、かえって不平等を強制することになるからである。

五　合理的差別

法の下の平等は、人間それぞれ事実上の差異があり、あらゆる取扱いに絶対的に平等に取り扱うのではなく、各人の事実上の差異に応じて、相対的平等を基礎にしているのである。平等とは、第一四条第一項に規定する一般原則も、後段の例示列挙の事由による差別禁止も絶対的平等を求めるものではなく、相対的平等を意味するものである。この相対的平等を決定するものは正義である。例えば、男子と女子では身体的差異があり、女子に労働時間、休暇等で優遇することは平等原則には反しない。そのような差別は、合理的差別であるから法の下の平等には反しない。憲法で禁止しているのは、社会通念に照らして正義に反する不合理な差別である。したがって、「合理的な差別」は、第一四条第一項には反しないが、「不合理な差別」[11][12]は違憲となる。そして、その合理的差別と不合理な差別の区別の基準は何かという点が問題となる。「合理的差別」の具体的内容は、「民主主義的合理性」の有無を判断基準として、即ち民主主義の本質からいって、「人間性の尊重ないし個人の尊厳」という民主主義の理念に合致するか否かによって、判断することが主張されてきた。この見解は、判断の基準にはなるがあまりにも一般的抽象的であり、もう少し具体的基準を定めるべきではないか、とする批判から主張されたのが、「二重の基準」である。この見解は、対象となる権利の性質の違いを考察して、立法目的と立法目的を達成する手段の二つの面から合理性の有無を判断しようとするものである。

第一四条第一項は、「すべて国民は、法の下に平等であつて、人種、信条、性別、社会的身分又は門地により、政治的、経済的又は社会的関係において、差別されない」と規定し、平等原則の具体的な事項を例示している。第一項前段は、法の下の平等原則を定め、後段は前段の平等原則をより具体的に重要な事項を説明したものであり、この例示事項に漏れたものは平等が保障されないという趣旨ではない。差別の禁止理由として、例示列挙しているのは、次のようなものである。

(1) 人　種

人種を理由に差別をすることを禁止する趣旨である。ここにいう人種とは、日本国籍を有する者の中において、人種を異にする者（アイヌ人、帰化等により日本国籍を取得した者）をいう。このような人たちに、人種が異なるからといって差別することは許されない。外国におけるアメリカ合衆国や南アフリカにおける黒人差別問題が典型例である。

(2) 信　条

信条とは、宗教上の信仰、政治上、思想上の信念をいう。ある特定の信条をもつこと、もたないことを理由に差別することは許されないのである。したがって、ある宗教法人に対して、特別に租税優遇措置を採ることは信条による差別となる。

(3) 性　別

男女の性別による差別[13][14]は禁止される。明治憲法下では、男女の性別による差別が当然のように行われ、女性には選挙権、被選挙権が否定され、刑法上は妻だけが姦通罪で処罰され、公職に就く資格も制限され差別的取扱いを受けていた。現行憲法では、このような差別はすべて廃止された。男女の肉体的、生理的条件の差異から女性の再婚禁止期間を設けたり、労働基準法が、女子の労働時間を制限したり、生理休暇を認め特別優遇することは合理的差別であり本条に反しない。

(4) 社会的身分

この社会的身分については、人が社会において占めている地位を言う。広く解し「自分の意思で離れることのできない固定した地位」とする説、例えば、破産者、前科者、農民などがそれである。また、狭く解し「人の出生によって決定され、その人の意思によって左右することができない」とする説、例えば、華族、士族の身分がそれである。

(5) 門　地

門地とは家柄をいう。旧憲法下においては華族、士族、平民等の区分があり、華族は貴族院議員になれるといった特権を有していた。今日では華族制度は廃止され、華族その他の貴族の制度は、本条第二項によって否認された。

以上、差別を禁止している事由の五つを挙げているが、これらは重要な例示列挙であり、これ以外の事由による差別が許される、ということではない。次にいかなる関係で差別されないかについて、憲法が掲げるのは三つである。

(6) 政治的・経済的・社会的関係

政治的関係における差別とは、選挙権、被選挙権、公務員の任用資格、憲法改正の国民投票等の政治活動について差別することである。経済的関係における差別とは、国民の経済生活における差別であり、財産の収用、租税の賦課、労働関係等の差別がこれに含まれる。また、社会的関係における差別とは、居住、教育、その他の社会生活に関する差別である。

六　平等原則の具体化

(1) 貴族制度の廃止

「華族その他の貴族の制度は、これを認めない」（第一四条第二項）と定める。明治憲法下で存在していた公侯伯子男の爵位を有する華族は、由緒ある家系の者か、国家功労者に栄典として与えられる特殊の身分であり、貴族院議員となる特権が認められ優遇していた。その他の貴族とは、植民地当時の朝鮮貴族、王族等がそれである。これらは平等主義に反するということで廃止された。

(2) 栄典に関する制限

「栄誉、勲章その他の栄典の授与は、いかなる特権も伴はない。栄典の授与は、現にこれを有し、又は将来これを受ける者の一代に限り、その効力を有する」（第一四条第三項）。栄典の授与それ自体はさしつかえないが、それに特権が伴うことを禁止したのである。したがって、政治的、経済的に優遇されるような特権を伴うものは許されない。

(3) 公務員の選挙における平等

「公務員の選挙については、成年者による普通選挙を保障する」(第一五条第三項)。「両議院の議員及びその選挙人の資格は、法律でこれを定める。但し、人種、信条、性別、社会的身分、門地、教育、財産又は収入によつて差別してはならない」(第四四条)と定め、平等原則を重ねて規定している。憲法は、公務員の選挙につき成年者による普通選挙の保障の他、選挙人の投票の価値が平等とされる平等選挙も保障している。平等選挙の原則は、選挙資格を有する者が、その投票の価値に関して、不当に差別されないことを要請している。このことは、第一四条の平等規定からみれば、憲法が平等選挙の原則を採用していることは明らかである。平等選挙[15]とは、すべての選挙人の投票の価値を平等に取り扱う選挙をいう。国会議員の選挙において、各選挙区の議員定数の配分に不均衡があり、そのため有権者数との比率において、選挙人の投票価値に不平等が存在することが違憲ではないか、という問題がある。議員定数の不均衡による裁判で最初に問題になったのが、昭和三七年に実施された参議院議員選挙について、東京地方区の有権者が提起した公職選挙法第二〇四条の選挙無効訴訟である。これに対して、最高裁は、「議員定数、選挙区及び各選挙区に対する議員数の配分の決定に関し立法府である国会の権限に属する立法政策の問題であって、議員数の配分が選挙人の人口に比例していないという一言だけで憲法一四条一項に反し無効であると断ずることはできない」として、最大格差が四対一の程度では「立法政策の当否の問題に止まり、違憲問題を生ずるとは認められない」(最大判昭和三九・二・五民集一八巻二号二七〇頁)とした。

つづいて、昭和四六年の参議院議員選挙についても、格差が一対五では、いまだ違憲とするほど極端な不平等ではない（最判昭和四九・四・二五判時七三七号三頁）と判示し、昭和五二年七月の参議院議員選挙では、最大格差一対五・二六の場合でも合憲（最大判昭和五八・四・二七民集三七巻三号三四五頁）と判示している。さらに近年では、平成四年七月実施の参議院議員選挙では、最大格差一対六・五九の場合（最大判平成八・九・一一民集五〇巻八号二二八三頁）、平成七年七月実施の参議院議員選挙において最大格差一対四・九七の場合（最大判平成一〇・九・二民集五二巻六号一三七三頁）はいずれも合憲としている。

その後、平成一九年七月の参議院議員選挙では、最大格差は一対四・八六であり前回選挙より縮小した。しかし、本件選挙までに定数配分規定を改正しなかったことは国会の裁量権の限界を超えたものではないが、なお大きな不平等の状態にあり投票価値の格差の縮小が求められるとした。そのためには現行の選挙制度の仕組みの見直しが必要であり、国会における速やかで適切な検討が望まれるとしている(16)。

一方、衆議院議員選挙について、昭和四七年実施の総選挙で千葉一区の選挙無効訴訟で、議員定数配分規定は違憲であるとし、行政訴訟事件の事情判決の法理を適用して、選挙自体は有効であるが、千葉一区の選挙は違法とした（最大判昭和五一・四・一四民集三〇巻三号二二三頁）。次に昭和五八年一二月実施の総選挙の無効訴訟では、最大格差一対四・四〇の不均衡は選挙権の平等に違反し、昭和五〇年改正後八年余の経過が合理的期間を徒過しており違憲（最大判昭和六〇・七・一七民集三九巻五号一一〇〇頁）と判示した。そして、一票の格差が最大二・四三倍であった平成二四年一二月の衆議院総選挙をめぐり選挙無効を求めた上告審判決で、最高裁大法廷は、「投票価値の平等に反する違憲状態だった」との判断を示した。ただ、小選挙区の定数を「〇増五減」とする国会の取組を評価し、選挙無効の請求は退けた。衆議院議員総選挙において、一票の価値が議員一人あたりの人口の最高の選挙区と最低の選挙区の格差が二対一以上に開くことは、投票価値の平等原則に違反すると解するのが一般的である。

（4）家族生活における平等

憲法第二四条は、第一項を受けて、さらに、「婚姻は、両性の合意のみに基いて成立し、夫婦が同等の権利を有することを基本として、相互の協力により、維持されなければならない（第一項）。配偶者の選択、財産権、相続、住居の選定、離婚並びに婚姻及び家族に関するその他の事項に関しては、法律は、個人の尊厳と両性の本質的平等に立脚して、制定されなければならない（第二項）」と規定している。本条は、平等原則の家族生活における具体化である。民法第七三一条は、男女の婚姻できる最低年齢を男は満一八歳、女は満一六歳と規定しているが、婚姻年齢のこの規定は合理的理由がなく、二〇二二年四月一日から施行の民法改正では男女とも満一八歳となる。

（5）教育の機会均等

「すべて国民は、法律の定めるところにより、その能力に応じて、ひとしく教育を受ける権利を有する」（第二六条第一項）。「その能力に応じて」とは、教育を受けるに適するかどうかの能力に応じてという意味である[17]。各学校で入学試験を実施して合格者に限り、入学許可することが認められるように、個人の能力である学力、健康などによる差別は許されるが、教育とは無関係である血統や財産状況などを理由に、入学を許可しないことは許されない。教育基本法は、この憲法の趣旨を受けて、「人種、信条、性別、社会的身分、経済的地位又は門地によって、教育上差別されない」とし（教育基本法第四条第一項）教育の機会均等を定めている。また、ここでいう権利は他の社会権と同様に、教育を受けることを国に直接請求できる具体的請求権ではない。

尊属殺重罰規定判決
被告人は中学二年の時に実父に姦淫され、以後十余年に亘り夫婦同様の生活を強いられて五人の子までもうけた。二九歳になったときに印刷所の同僚である男性と愛し合うようになり、そのうちに求愛され正常な結婚を考えるようになった。しかし、実父はこれを嫌い、あくまでも被告人をその支配下に置き醜行を継続しようとして十余日にわたり脅迫虐待し、懊悩煩悶の極みにあった。このときいわれのない暴言を受けて触発され、この忌まわしい境遇より逃れようとして、実父を殺害し自首したものである。検察側は刑法二〇〇条の尊属殺人罪で起訴した。第一審の宇都宮地裁は、尊属殺人罪を違憲として普通殺人を適用した。被告人の心神耗弱を理由に刑を免除した。第二審の東京高裁は刑法二〇〇条を合憲として心神耗弱と酌量減刑のみを認定し加え、懲役三年六月の実刑を言い渡した。被告弁護人が同条の違憲を理由に上告したのが本件である。

最高裁は、破棄自判し被告人を懲役二年六月執行猶予三年とした。

最高裁は、まず、「立法目的は、尊属を卑属またはその配偶者を殺害することをもって一般に高度の社会的道義的非難に値するものとし、かかる所為を通常の殺人の場合よりも厳罰に処罰し、もって特に強くこれを禁圧しようとするにある」。「被害者が尊属であることを犯情の一つとして具体的事件の量刑上重視することは許されるものであるのみならず、さらに進んでこのことを類型化し、法律上、刑の加重要件とする規定を設けても、かかる差別的取扱いをもってただちに合理的根拠を欠くものではない。しかしながら、「加重の程度が極端であって、前示のごとき立法目的達成の手段として、甚だしく均衡を失し、これを正当化しうべき根拠を見出しえないときは、その差別は著しく不合理なものといわなければなら」ない。「刑法二〇〇条は、尊属殺の法定刑を死刑または無期懲役刑に限っている点において、その立法目的達成のため必要な限度を遥かに超え、普通殺に関する刑法一九九条の法定刑に比し著しく不合理な差別的取扱いをするものと認められ、憲法一四条一項に違反して無効である」。

第五節　精神的自由権

一　思想及び良心の自由

第一九条は、「思想及び良心の自由は、これを侵してはならない」と規定する。これは、人間の内面的な精神活動の自由を保障したものである。人間の内心は絶対的に自由であり、内心にいかなる思想を有しても法的に自由であり、これを外部の権力によって干渉することは一切許されない。これを制約することは、個人の人格の価値を否認することになるからである。思想・良心の自由を保障するということは、個人の思想・良心に国家が干渉してはならないということである。具体的には、人がある思想・良心をもつことを強要したり禁止することは許されない[18]。また、ある思想・良心を有すること、または、有しないことを理由に不利益に差別することも許されない。さらに、いかなる思想・良心を有するか告白することを強要することも許されない。思想・良心の自由は、自己の思想及び良心について沈黙する自由も含まれるからである。

謝罪広告事件判決

Y上告人（被告）は、衆議院議員総選挙に際して、徳島県から共産党公認候補として立候補したが、選挙運動中にラジオ及び新聞を通じて対立候補であったX被上告人（原告）が副知事時代に業者から斡旋料を受け取ったと公表した。原告が名誉棄損であるとして謝罪広告を求め告訴した。第一審の徳島地裁は、原告の請求を認めて被告に対して、「放送及び記事は真実に相違して居り、貴下の名誉を傷つけご迷惑をお掛け致しました。ここに陳謝の意を表します」という文面の「謝罪広告」を被告の名で新聞に掲載することを命じた。被告は控訴したが、高裁も第一審の判決を支持し控訴を棄却した。被告は、謝罪の強制は憲法一九条の保障する良心の自由に反するとして上告した。これに対し、最高裁判所は、「他人の名誉を棄損したものに対して、被害者の名誉を回復するに適当な処分として謝罪広告を新聞紙等に掲載すべきことを加害者に命ずることは、従来学説判例の肯認するところであり、また、謝罪広告を新聞紙等に掲載することは我国民生活の実際において行われているのである。……単に事態の真相を告白し陳謝の意を表明するにとどまる程度のものにあっては、これが強制執行も代替作為として民訴七三三条（現民訴一七一条）の手続きによることを得るものといわなければならない。そして原判決の是認したXの本訴請求は……結局Yをして右公表事実が虚偽且つ不当であったことを公表機関を通じて発表すべきことを求めるに帰する。されば少なくともこの種の謝罪広告を新聞紙に掲載すべきことを命ずる原判決は、Yに屈辱的、若しくは苦役的労苦を科し、又はYの有する倫理的な意思、良心の自由を侵害することを要求するものとは解せられない」と判示した（最判昭和三一・七・四民集一〇巻七号七八五頁）。

二　信教の自由

明治憲法においても、「日本臣民ハ安寧秩序ヲ妨ケス及臣民タルノ義務ニ背カサル限ニ於テ信教ノ自由ヲ有ス」（第二八条）と規定し、他の自由権と異なり「法律の留保」を伴わず信教の自由を保障していた。しかし、それは不完全な保障であった。すなわち、明治憲法は、仏教、キリスト教等の神社以外の宗教を認めながらも、神社神道に対しては、公的性格を認め神宮、神社を公法人としその職員たる神官、神職には官吏の地位を与え別格扱いにした。このような宗教である神社神道に、国教的地位を与えることは、明治憲法の信教の自由の保障に矛盾するのではないかとの疑問に対し、政府は、「神社は宗教に非ず」と弁明し、神社崇敬を国民の義務であるとした。いずれにせよ明治憲法の保障した信教の自由は、神社神道を国教化することによって、他の宗教である大本教、ひとのみち教団、キリスト教などには厳しい宗教弾圧が加えられ、完全な信教の自由の保障には至らなかった。

(1) 宗教の意味

津市地鎮祭事件の名古屋高裁判決[19]では、「憲法でいう宗教とは、『超自然的、超人間的本質（すなわち絶対者、造物主、至高の存在等、なかんずく神、仏、霊等）の存在を確信し、畏敬崇拝する心情と行為』をいい、個人的宗教たると、はたまた、発生的に自然宗教たると、創唱的宗教たるとを問わず、すべてこれを包含するものと解するを相当とする」、と判示している。

(2) 信教の自由の内容

「信教の自由は、何人に対してもこれを保障する」と定める（第二〇条第一項前段）。信教の自由は、その性質上、日本国民だけではなく、外国人に対してもひとしく保障される。信教の自由は次のように分けられる。第一は信仰の自由である。人がいかなる宗教を信仰し、またはしない自由である。これは、内心において特定の宗教を信仰しようが信仰しまいが全く自由であり、その意味では第一九条の保障する思想・良心の自由の宗教的側面である。第二に宗教上の行為の自由である。宗教上の儀式、式典、祈禱、礼拝等を行う自由及びそのような行為に参加し、あるいは参加しない自由である。

したがって、公権力によって国民にそれらの宗教的行為、祝典、葬式などの儀式に参加することを強制したり、礼拝を強制させたりすることは許されない。第三に宗教上の結社の自由である。信仰を同じくする者が宗教上の目的を達成するために、団体を結成し活動することは自由である。第四に宗教を宣伝する自由である。自己の信仰する宗教の礼拝等の行為とともに、その教義を宣伝し他人に対して入信を勧誘し、あるいは改宗を勧めることも自由である。

（3）信教の自由の限界

内心における信仰は、思想・良心の自由の宗教的側面であるから、絶対無制約に保障されるべきである。しかし、信教の自由は、内心の信仰の自由だけではなく外部的行為として現れ、それが第三者の権利自由を侵害して、反社会的行為となる場合には、もはや、それらは憲法の保障する信教の自由の保障の範囲外となる[20]。

（4）国家と宗教の分離（政教分離）

信教の自由が保障されるためには、国家と宗教の結合を排除することが重要である。国家と特定宗教が結びつくことになれば、国家は、特定宗教に特権や利益を与え優遇すると同時に、他の宗教の信教の自由の保障を害することになる。明治憲法でも第二八条で信教の自由は保障されていたが、前述のように「神社は宗教に非ず」という名の下に、宗教的性格を有する神社神道に、国教的地位を与え特別優遇したのである。こうすることによって、神権天皇制の維持強化を図ったのである。したがって、信教の自由も不完全な保障であった。現行憲法は、明治憲法下における国家と神道との結合を排除し、国家と宗教との関わり合いをもたないようにして、政教分離[21]の原則を明確にしている。それが、憲法第二〇条第一項後段、第二〇条第三項、第八九条の規定である。このような政教分離規定に関して、その法的性格をどのように捉えるかについて見解が分かれる。判例・多数説は制度的保障を定めたものと解する制度的保障説を採り、これに対し、政教分離規定はそれ自体、人権規定であるとする見解もある。次に政教分離について説明する。

①第二〇条第一項後段は、「いかなる宗教団体も、国から特権を受け、又は政治上の権力を行使してはならない」

と定める。「特権」とは特殊の利益である。国家は特定の宗教を国教としたり、国教と定めなくても国家が、特定の宗教団体に特別優遇することを禁止することである。例えば、宗教団体に対し免税を与えるがごとき特別の利益を受けさせ、または地位を与える場合がこれである。また、「政治上の権力を行使してはならない」とは、国や地方公共団体が有する統治的権力である立法権、行政権、司法権、課税権、公務員任命権などを宗教団体がもつことは許されない。

②「国及びその機関は、宗教教育その他いかなる宗教的活動もしてはならない」（第二〇条第三項）。政教分離の原則を徹底する趣旨から、国や地方公共団体が一切の宗教的活動を行うことを禁止したものである。「国及びその機関」とは、立法、行政、司法の機関、国や公共団体によって経営・管理される国公立学校、病院、公共企業体等であり、これらは、すべて宗教教育その他の宗教的活動[22][23]をしてはならないのである。「宗教教育」とは、布教宣伝を目的とする教育である。この憲法の趣旨を受けて、教育基本法第一五条第二項は、「国および地方公共団体の設置する学校は、特定の宗教のための宗教教育その他宗教的活動をしてはならない」と定めている。禁止されるのは、国・公立学校が特定の宗教の布教、宣伝目的のために行う宗教教育であり、私立学校において宗教教育を行うことは、信教の自由から許される。

③「公金その他の公の財産は、宗教上の組織若しくは団体の使用、便益若しくは維持のため、又は公の支配に属しない慈善、教育若しくは博愛の事業に対し、これを支出し、又はその利用に供してはならない」（第八九条）。本条前段は、国家と宗教との分離の原則を、財政面から確立しようとする規定である。すなわち、国又は地方公共団体が宗教団体に公金を支出し、公の財産を利用に供することは、国家と宗教が財政面を通じて強力に結びつくことになり、完全な信教の自由は保障されなくなる。そこで、憲法は国家と宗教の分離の原則を徹底させるために、国

又は地方公共団体がいかなる宗教団体に対しても、財政的援助をすることを禁じたのである。本条後段は、「公の支配」に属しない慈善、教育、博愛事業に対して、公金を支出することを禁じている。公の支配に属する事業に対する支出は認められ、公の支配に属しない事業には、いかなる財政的援助も認めないということである。そこで、現在、国や地方公共団体が私立学校に対して助成を行っているが、このことが憲法上許されるか否かという問題がある。①国、地方公共団体は助成に関し、必要と認めた場合には、学校法人に業務、会計等についての報告を求めること、②学校法人の予算が助成の目的に反する使用と認める場合には、予算について変更することを勧告すること、③学校法人の役員が法令に違反する行為をした場合には、その役員を解職するよう勧告できる等の監督、報告を義務付ける権限を有することから、「公の支配」に属すると解されている。

結局、宗教的活動とは、国家と宗教との関わり合いをもたらす行為の目的及び効果に鑑み、その関わり合いが相当とされる限度を超えるものが禁止される。そして、具体的判断基準として、その行為の目的が宗教的意義をもち、その効果が宗教に対する援助、助長、促進又は圧迫、干渉になれば宗教的活動となり政教分離の原則に反することになる。いわゆる「目的効果基準」が判断基準となるのである。

(5) 靖国神社公式参拝

首相が公用車を用い、靖国神社に公式参拝[24]することが問題となるが、政府は、従来から内閣総理大臣その他の国務大臣が、国務大臣としての資格で靖国神社に参拝することは、憲法第二〇条第三項との関係で問題があるとの見解を主張している。政府は、このような参拝が合憲とも違憲とも言明していないが、違憲ではないかとの疑いは否定できないということである。首相等が、公人ではなく個人として参拝することは、信教の自由の保障から許されることはいうまでもない。問題は、公人として公費を使い参拝する場合である。靖国神社が戦没者の霊を祀り、宗教上の儀式を行っている以上、靖国神社への参拝行為は外形的・客観的には、神社神道と関わりをもつ宗教的活動であるとの性格は否定できない。そのような靖国神社に首相や大臣が参拝して、公用車を使用し職名を記帳し、玉串料を公金で支出する行為は、明らかに憲法第二〇条、第八九条に違反し許されないと解する。

津市地鎮祭事件判決

三重県津市が市体育館の建設にあたり、神社神道の儀式に則り地鎮祭を行い、その費用を市の公金から支出したため、憲法第二〇条及び第八九条に違反するとして、住民訴訟が提起された事件である。第一審判決は、地鎮祭は神道の布教宣伝を目的とする宗教的活動にあたらず、習俗的行事であるとして違憲にはならないとした（津地判昭和四二・三・一六行集一八巻三号二四六頁）。ところが、第二審判決は、①憲法にいう「宗教」とは、超自然的・超人間的本質（神・仏・霊など）の存在を確信し、畏敬崇拝する心情と行為を指す。②行事の主宰者は宗教家が行うか否か、③行事の順序作法が宗教界で定められたものかどうか、④その行事が一般人に違和感なく受け入れられる程度に普遍性を有するかどうか等を挙げて、習俗的行事と宗教的活動の基準を示した上で、神社神道は祭祀中心の宗教であり、神社神職が行った神道儀式の本件地鎮祭は、習俗的行事とはいえず宗教的行為というべきであるとした（名古屋高判昭和四六・五・一四行集二二巻五号六八〇頁）。そして、本判決は、憲法第二〇条三項で禁止する「宗教的活動」とは、「単に宗教の布教、教化、宣伝等を目的とする積極的行為に限らず、同条二項の『宗教上の行為、祝典、儀式又は行事』を含む一切の宗教的行為を網羅する趣旨である」と判示した。これに対し津市側が上告したのである。

上告審判決は、次のような理由により本件地鎮祭は違憲ではないと判示した。

①「政教分離の原則は、国家が宗教とのかかわり合いをもつことを全く許さないとするものではなく、宗教とのかかわり合いをもたらす行為の目的および効果にかんがみ、そのかかわり合いがそれぞれの国の社会的・文化的諸条件に照らし相当とされる限度を超えるものと認められる場合に、これを許さないとするものである」。

②憲法第二〇条三項にいう宗教的活動とは、「およそ国及びその機関が宗教とのかかわり合いをもつすべての行為ではなく、

そのかかわり合いが右にいう相当とされる限度を超えるものに限られるというべきであって、当該行為の目的が宗教的意味をもち、その効果が宗教に対する援助、助長、促進または圧迫、干渉等になるような行為をいう。宗教上の祝典、儀式、行事等であっても、その目的、効果が前記のようなものである限り」当然宗教的活動に該当する、と解している。

③次に、どのような宗教的行為が、憲法で禁じる宗教的活動に該当するか否かの判断基準は、「当該行為の行われる場所、当該行為に対する一般人の宗教的評価、当該行為者が当該行為を行うについての意図、目的および宗教的意義の有無、程度、当該行為の一般人に与える効果、影響等、諸般の事情を考慮し社会通念に従って、客観的に判断」すべきであるとしている。

④そして、「本件起工式は、宗教とのかかわり合いをもつものであることは否定し得ないが、その目的は建築着工に際して土地の平安堅固、工事の無事を願い、社会の一般的慣習に従った儀式を行うという専ら世俗的なものと認められ、その効果は神道を援助、助長、促進しまたは他の宗教に圧迫、干渉を加えるものとは認められないのであるから、憲法第二〇条三項により禁止される宗教的活動にあたらないと解するのが相当である」と解している（最判昭和五二・七・一三民集三一巻四号五三三頁）。

愛媛玉串料訴訟

愛媛県が、昭和五六年から六一年にかけて靖国神社の例大祭に玉串料、みたま祭には献灯料、慰霊大祭に際しては供物料として、公金からそれぞれ支出して奉納したことが、憲法第二〇条三項、第八九条に違反するとして提起された事件である。最高裁は次のように判示したのである。

①神社神道においても、祭祀を行うことがその中心的な宗教上の活動とされていること。

②「玉串料及び供物料は、例大祭又は慰霊大祭において、宗教上の儀式が執り行われるに際して神前に供えられものであり、献灯料は、これによりみたま祭において境内に奉納者の名前を記した灯明が掲げられるというものであって、いずれも各神社が宗教的意義を有すると考えていることが明らかなものである。このことからすれば、県が特定の宗教団体の挙行する重要な宗教上の祭祀にかかわり合いを持ったということが明らかである」。

③県が本件玉串料を靖国神社又は護国神社に奉納したことは、その目的が宗教的意義を持つことを免れず、その効果が特定の

宗教に対する援助、助長、促進になると認めるべきであり、これによってもたされる県と靖国神社等のかかわり合いが我が国の社会的・文化的諸条件に照らし相当とされる限度を超えるものであって、憲法第二〇条三項の禁止する宗教的活動に当たると解するのが相当である。

④靖国神社及び護国神社は憲法八九条にいう宗教上の組織又は団体に当たることが明らかである。本件玉串料を靖国神社又は護国神社に奉納したことによってもたらされる県と靖国神社等とのかかわり合いが我が国の社会的・文化的諸条件に照らし相当とされる限度を超えるものと解されるから本件支出は、同条の禁止する公金の支出に当たり違法というべきである、と判示した（最判平成九・四・二民集五一巻四号一六七三頁）。

殉職自衛官合祀訴訟

公務中、事故で死亡した夫の自衛官を含む27名の殉職自衛官を、自衛隊山口地方連絡部及び自衛隊の外部団体である社団法人隊友会山口県支部連合会が県護国神社に合祀申請したことについて、熱心なキリスト教徒である妻から、合祀することに反対したにもかかわらず、一方的に合祀することは、政教分離原則に反する行為で自分の宗教上の自由ないし人格権等が侵害されたとして、両者を相手どり損害賠償と合祀申請の取消しを求めたものである。第一審判決は、合祀は他人からの干渉を受けることなく、自らの信仰に従って亡夫を追慕するという妻の信仰の自由を侵害するものであり、合祀申請行為は合祀の前提をなす宗教的意義を有し、護国神社の宗教を助長、促進する行為であるとして、第一審（山口地裁昭和五四・三・二二判時九二一号四四頁）、控訴審（広島高裁昭和五七・六・一判時一〇四六号三頁）も合祀申請行為について、自衛隊地方連絡部と隊友会山口県支部連合会との共同不法行為を認め、憲法第二〇条三項で禁ずる宗教的活動にあたり、妻の宗教上の人格権も侵害するものであるとした。

これに対し、上告審判決は次のように判示したのである。

①まず、合祀申請行為については、「県隊友会において、地連職員の事務的な協力に負うところがあるにしても、県隊友会の単独名義でなされた本件合祀申請は、事務的にも県隊友会の単独の行為であったものというべく、これを地連職員と県隊友会の共同の行為とし、地連職員も本件合祀申請をしたものと評価することはできない」。

②地方連絡部職員の行為は、「宗教とのかかわり合いは間接的であり、その意図、目的も、合祀実現により自衛隊員の社会的地位の向上と士気の高揚を図ることにあったと推認される」。また、「その行為の態様からして、国又はその機関として特定の宗教への関心を呼び起こし、あるいはこれを援助、助長、促進し、又は他の宗教に圧迫、干渉を加えるような効果をもつものと一般人から評価される行為とは認め難い」。
③被上告人（妻）の法的利益については、「信教の自由の保障は、何人も自己の信仰と相容れない信仰をもつ者の信仰に基づく行為に対し、それが自己の信教の自由を妨害しない限り寛容であることを要請しており、静謐な宗教的環境の下で信仰生活を送るべき利益となるものは、これを直ちに法的利益としては認めることができない」。合祀は護国神社が「自由になし得るところであり」、被上告人（妻）の信仰に何ら干渉するものではないから、被上告人の「法的利益はなんら侵害されていないというべきである」と判示した（最大判昭和六三・六・一民集四二巻五号二七七頁）。

三　集会及び結社の自由

(1)　集会の自由

第二一条第一項は、「集会、結社……の自由は、これを保障する」と定める。集会は、多数人が一定の目的のために一時的に集合するのであるが、結社は多数人が共同の目的のために継続的な団体を構成するものである。ここにいう集会とは、一定の場所に静止的に集合するものだけではなく、集団示威行進のように動く集会も当然含まれる。集会の自由は、思想・良心の自由のように絶対無制約のものではなく、特に集団示威行進は、時間、場所、方法によっては、他人に影響を及ぼすことが非常に大きいことから、この自由について制約が問題となる。集会の自由は第一三条の「公共の福祉」による制約を受ける。しかし、この制約も必要最小限度のものでなければならない。

（2）結社の自由

結社とは、多数人が一定の目的のために継続的な団体を構成することである。団体は、宗教的、政治的、学問的等といった団体が含まれ、宗教的結社については、第二〇条の問題とも関連してくる。結社の自由の保障は、各人が団体を結成したり、結成しない自由及び団体に加入したり、加入しない自由、さらには加入する団体から離脱する自由等も保障される。結社の自由は、国家も十分尊重し保障しなければならないが、絶対無制約というものではない。国家の治安を害する結社、犯罪行為を行うことを目的とした結社は、いずれも公共の福祉に反するので保障の対象とはならないことはいうまでもない。

（3）公安条例と集団示威運動

集団示威運動（デモ行進）は、動く集会として憲法第二一条によって保障されていることは疑いない。デモ行進は、言論活動と異なり一定の行動を伴うから、他の国民の権利、自由との調整を図ることが必要となってくる。この集団示威運動の自由を規制する各地の地方公共団体が制定する公安条例があるが、この公安条例と憲法第二一条との関係が問題となる。この問題について、新潟県公安条例事件で最高裁判所は次のような判示をした。

①「条例においてこれらの行動につき単なる届出制を定めることは格別、そうでなく一般的な許可制を定めてこれを事前に抑制することは憲法の趣旨に反し許されない」。

②「これらの行動といえども公共の福祉が著しく侵されることを防止するため、特定の場所又は方法につき、合理的かつ明確な基準の下に、あらかじめ許可を受けしめ又は届出をなさしめてこのような場合にはこれを禁止することができる旨の規定を条例に設けても、これをもって直ちに憲法の保障する国民の自由を不当に制限するもの」ではない。

③「これらの行動について公共の安全に対し明らかな差し迫った危険を及ぼすことが予見されるときは、これを許可せずまたは禁止することができる旨の規定を設けることも」これにより直ちに憲法違反とはならない（最大判昭和二九・一一・二四刑集八巻一一号一八六六頁）と判示して、原則を明示した後に新潟県公安条例に適用して合憲性を認めたのである。

この判決に対して、判決が掲げる一般原則ないし基準は、抽象的な理論としては、おおむね妥当であるが、しかし最高裁判所は、優れた原則を提唱したにも拘らず、この原則を適用する段階で後退したため、判決自体としては矛盾を露呈しているとの批判がある。

その後、東京都公安条例事件で最高裁判所は、同条例を合憲としたが、その判断内容は前記の新潟県公安条例事件判決とは、異なった新しい見解を打ち出した。

その判決は、「集団行動による思想等の表現は、単なる言論、出版等によるものとはことなって、現在する多数人集合体自体の力、つまり潜在する一種の物理力によって支持されていることを特徴とする。かような潜在的な力は、あるいは予定された計画に従い、あるいは突発的に内外からの刺激、せん動等によってきわめて容易に動員され得る性質のものである。この場合に平穏静粛な集団であっても、時に昂奮、激昂の渦中に巻きこまれ、甚だしい場合には一瞬にして暴徒と化し、勢いの赴くところ実力によって法と秩序を蹂躙し、集団行動の指揮者はもちろん警察力を以てしても如何ともし得ないような事態に発展する危険が存在すること、群集心理の法則と現実の経験に徴して明らかである」として、公安条例をもって、「法と秩序を維持するに必要かつ最小限度の措置を事前に講ずることは、けだしやむを得ないものと認めなければならない」と判示した（最判昭和三五・七・二〇刑集一四巻九号一二四三頁）。

四　言論・出版その他一切の表現の自由

(1) 表現の自由の意味

第二一条第一項は、「……言論、出版その他一切の表現の自由は、これを保障する」と定める。これは自己の内心的精神活動、すなわち思想、知識、信条などを外部に表明する自由を保障したものである。言論、出版の自由は、民主主義の基礎をなすものであり、憲法に定める基本権の中でも、最も重要な権利の一つである。表現の自由が、憲法で保障される理由として次の二つがある。一つは「自己実現の価値」であり、他は「自己統治の価値」である。「自己実現の価値」とは、他人に対する表現行為によって、自己の人格を発展させることができる個人的な価値である。「自己統治の価値」とは、表現行為によって、国民が政治的意思決定に参加し、民主政治の発展に不可欠の要素である。

(2) 表現の自由の内容

個人の内心の自由は、絶対的なものであり、これを制約することは一切許されない。内心の思想等を外部に発表する場合には、他人に対し影響を与えることが大きいので、表現方法や内容によっては、制約を必要とする場合がありうるのである。そこで、刑法第一七五条は、憲法第二一条で保障された表現の自由に違反しないか否かという問題が論じられてきた。猥褻性の判断[25]にあたって、芸術性と猥褻性とは、別の異なる次元に関する概念であり、両立しえないものではないから、芸術作品であるからといって、特別に猥褻性を否定することはできない。表現の自由は別の角度から考察すると、その内容は次のように分けられる。①情報を伝達する自由……能動的に表現する自由、及びそれを国家権力によって、制約されることのない自由である。情報の送り手であるマスメディアが、その情報を自由に送れる保障であり本来の自由権の保障である。②情報を受け取る自由……これは、受動的に情報を受け取る自由を保障するものである。つまり、情報の受け手側の自由を保障するものである。③情報を収集する自由……国民が国家や地方公共団体及びマスメディアに対して、その保有している情報を、提供するよう求める権利であり、いわゆる情報開示請求権がこれである。

(3) 情報を収集する自由・権利（知る権利）

表現の自由は、内心の意思を表現や伝達するにあたり、国家による侵害を受けない権利を保障するものである。本来、情報の送り手の自由を保障するものであり、一九世紀の市民社会においては、受け手の自由を特に問題にすることはなかった。ところが国家機関、地方公共団体等への情報の膨大な量の集中及びマスメディアの発達が、情報の送り手側の保障だけでは、受け手側の自由の保障を確保することが困難になってきた。そこで情報の受け手側の自由を保障するために、「知る権利」の確保が必要になった。この知る権利は、次の二つの側面をもち、一つは情報を受け取る自由である。これは国民が国家から干渉・制限されることなく、マスメディアその他から情報を自由に受け取る自由で、自由権としての性格を有する。他は、国民が国家に対して、その保有する情報を公開するよう請求する権利である。つまり情報公開請求権と呼ばれる。これらは、国民が主権者として国政に関する情報を収集して、国政に参加するために判断資料として必要不可欠であり、参政権としての性格を有し、国家の施策を求める国務請求権、あるいは社会権としての性格も有する。この「知る権利」は、国民主権の原理ないし民主主義に内在する国民の権利である。しかし、この情報公開請求権は、抽象的な請求権であるため、憲法第二一条の規定から直接に導き出すことはできない。そのためには、公開される情報の内容、種類、基準、要件、手続き等を具体的に定めた法律が必要である。今日では、「行政機関の保有する情報の公開に関する法律」、いわゆる情報公開法が制定され、それを受けて全国の多くの自治体で情報公開条例が制定されている。[26]

（4）報道の自由と取材の自由

報道の自由[27]とは、送り手のマスメディアが、新聞、テレビ、ラジオ等の報道手段を通して、事実を国民に伝え知らせる自由をいう。憲法第二一条の保障する表現の自由が、報道の自由を含んでいることはいうまでもない。報道の自由は、報道者側の報道する自由としてのみ捉えるのではなく、報道の自由を二つの側面から捉えなければならない。それは報道者側の報道する自由、すなわち国家は報道機関の報道に対し、干渉、制限をしてはならず、また報道を受け取る国民の側の知る自由、知る権利の保障も重要である。次に、報道のための取材の自由[27]も憲法第二一条によって保障されているだろうか。これに関して学説は肯定説、否定説がある。積極的に取材の自由も報道の自由の一環として、憲法第二一条によって保障される、という見解が有力である。最高裁は、「このような報道機関の報道が正しい内容をもつためには、報道の自由とともに、報道のための取材の自由も憲法二一条の精神に照らし、十分尊重に値するものといわなければならない」と判示する。報道機関による取材活動の自由は、報道の自由を前提としており、取材の自由が保障されなければ、報道の自由の保障もありえないからである。

（5）表現の自由を規制する立法の合憲性判断基準

⑴　**二重の基準論**　基本的人権に対する制約について、違憲かどうかを判断する基準についての考え方の一つである。これは、精神的自由権を規制する立法に対する裁判所の合憲性の基準は、経済的自由権を規制する立法に対するよりも、厳格な基準によって審査されなければならないとするものである。この理論は、わが国の学説でも広く支持されており、判例にも採用されている。

(2) 事前抑制の禁止の原則　公権力が表現行為を事前に抑制することを認めないとするのがこの原則である。この事前抑制の典型例とされるのが検閲である。憲法第二一条第二項前段は検閲の禁止を規定している。公権力が思想の発表に先立ち事前に制限することは、表現の自由を奪ってしまうことになる。教科書を出版する場合には、文部科学省の実施する教科書検定に合格しないと、教科書として出版できないこととされている（学校教育法第三四条参照）。そこで、この検定制度が、「検閲」に該当しないかどうかが問題となり、争われたのが家永訴訟である。

(3) 明白かつ現在の危険　これは、アメリカ連邦最高裁のホームズ裁判官及びブランダイズ裁判官が、言論、出版の自由に対する制約の基準として提唱し、判例として確立されたものである。この理論は、表現行為によって害悪が発生する蓋然性が高く、その害悪が重大で明白であり、しかもその発生が切迫し、規制が回避するのに必要不可欠であるという場合には、表現行為を制限、禁止できるとする原則である。

(4) 明確性の原則　表現の自由を規制する立法の文言が漠然、不明確であってはならず、明確でなければならないとする原則である。表現の自由との関係で、法文が不明確であるとして、争われた事件に徳島市公安条例事件[28]がある。

(5) より制限的でない他の選びうる手段ＬＲＡ（Less Restrictive Alternative）の原則　この原則は、表現の自由を規制する立法は、その規制目的が正当であっても、その立法目的を達成するために人権制限の程度が少なく、他の選びうる手段がある場合には、当該規制立法を違憲とするものである。

博多駅テレビフィルム提出命令事件

米原子力空母の佐世保寄港反対に参加した三派系学生と機動隊員が博多駅付近で衝突した際に、機動隊員側に過剰警備があったとして提起された付審判請求に対して、福岡地裁がテレビ会社に衝突の状況を撮影したテレビフィルムの提出を命じたが、放送会社はその命令が報道の自由を侵害するとして、その取消しを求めたものである。これに対し、最高裁は、取材の自由といえども、何ら制約を受けないものではなく、公正な裁判の実現のために、取材活動で得られたものが証拠として必要な場合は、取材の自由がある程度の制約を受ける。このような場合に「審判の対象とされている犯罪の性質、態様、軽重および取材したものの証拠としての価値、ひいては、公正な刑事裁判を実現するにあたっての必要性の有無」や「取材したものを証拠として提出されることによって報道機関の取材の自由が妨げられる程度およびこれが報道の自由に及ぼす影響の度合いその他諸般の事情を比較衡量して決せられるべき」である。そして、「証拠として使用されることがやむを得ないと認められる場合においても、それによって受ける報道機関の不利益が必要な限度を超えないように配慮されなければならない」。「現場を中立的な立場から撮影した報道機関の本件フィルムが証拠上きわめて重要な価値を有し、被疑者らの罪責の有無を判定するうえに、ほとんど必須のものと認められる」としたのである（最判昭和四四・一一・二六刑集二三巻一一号一四九〇頁、判時五七四号一一頁、判タ二四一号二七二頁）。

外務省機密文書漏洩事件

毎日新聞記者Nが、外務省事務官の女性Hをホテルに誘って情を通じた上、沖縄返還協定に関する極秘文書を審議官の下から持ち出して見せてもらいたい旨を依頼した。Nに好意を抱いていたHはその極秘文書の写しを十数回にわたって持ち出しNに見せた。Nは職務上知ることのできた秘密を漏らすことをそそのかしたとして国家公務員法一一一条・一〇九条一二号・一〇〇条一項違反として起訴された。

一審判決（東京地裁昭和四九・一・三一判時七三二号一二頁）は外務省職員の行為は、守秘義務違反として有罪、新聞記者は国家公務員法一一一条の「そそのかし」に該当するが、取材の利益と秘密保護の利益とを比較衡量して、新聞記者Nの行為は正当業務行為に当たるとして無罪とした。これに対し、二審判決（東京高判昭和五一・七・二〇高刑集二九巻三号四二九頁）は、「そそのかし」に関して合憲限定解釈を行い、新聞記者の行為は「そそのかし」に該当すると判断し有罪とした。最高裁（最決昭和五三・五・三一刑集三二巻三号四五七頁）は、「報道機関が取材の目的で公務員に対し秘密を漏示するようにそそのかしたからといって、そのことだけで直ちに当該行為の違法性を推定されるものと解することは相当ではなく、……それが真に報道の目的からでたものであり、その手段・方法が法秩序全体の精神に照らし相当なものとして社会観念上是認されるものである限りは、実質的に違法性を欠き正当な業務行為というべきである。しかしながら、報道機関といえども、取材の手段・方法が贈賄・脅迫・強要等の一般の刑罰法令に触れる行為を行う場合は勿論、その手段・方法が一般の刑罰法令に触れないものであっても、取材対象者個人としての人格の尊重を著しく蹂躙する等、法秩序全体の精神に照らし社会観念上是認することができない態様のものである場合にも、正当な取材行為の範囲を逸脱し違法性を帯びるといわなければならない」として新聞記者を有罪とした。

(6) 検閲の禁止

第二一条第二項前段は、「検閲は、これをしてはならない」と定める。ここで検閲とは、思想を外部に発表する場合に、公権力が事前にその内容を調査、審査し必要とあればその発表を禁止することである。検閲とは、公権力によるものであり、映倫検閲のような私人の「自主的規制」によるものは、検閲には含まれない。検閲は公権力による事前の審査であるから、表現行為を終えた後の規制措置はここにいう検閲ではない。

(7) 通信の秘密

第二一条第二項後段は、「通信の秘密は、これを侵してはならない」と規定する。「通信」とは、特定人間の意思の伝達であり、通信の秘密を侵してはならないとは、公権力によって信書、電信、電話、インターネット等についてその内容を知ることを禁止することである。郵便法は、憲法の趣旨を受けて郵便物の検閲を禁止し（郵便法第八条）、郵政省の取扱い中に係る信書の秘密は侵してはならず、郵便の業務に従事する者は、在職中郵便物に関し知りえた他人の秘密を守らなければならず、その職を退いた後においても同様とすると規定している（同第九条第一項・第二項）。通信の秘密の保障は絶対無制約のものではなく一定の制約に服する。犯罪捜査のための郵便物の押収（刑事訴訟法第一〇〇条）、破産管財人による破産者の郵便物の開披（破産法第一九〇条第二項）、在監者の信書の検閲（監獄法第四六条・第四七条・第四八条・第五〇条）等がある。電話傍受について、最高裁判所は、「重大な犯罪に係る被疑事件について、被疑者が罪を犯したと疑うに足りる充分な理由があり、かつ、当該電話により被疑事実に関連する通話の行われる蓋然性があるとともに、電話傍受以外の方法によってはその罪に関する重要かつ必要な証拠を得ることが著しく困難である等の事情が」ある場合には、「電話傍受により侵害される利益の内容、程度を慎重に考慮したうえで、なお電話傍受を行うことが犯罪の捜査上、真にやむをえないと認められる」場合には、法律の定める手続きに従ってこれを行うことは憲法違反ではないとする（最決平成一一・一二・一六刑集五三巻九号一三二七頁）。

五　学問の自由

学問研究という精神的活動は、外部の勢力によって干渉されてはならない。各人が自由に真理の探究を行うことが保障されない限り、学問の発達は望めないからである。明治憲法には学問の自由を保障する規定はなかった。そのため研究者は、学問研究や研究成果の発表及び教授に対して、国家権力による干渉や弾圧が加えられ、学問の自由は著しく侵害されたのである。例えば、一九三三（昭和八）年の滝川事件（京都帝国大学の滝川幸辰教授の著書『刑法読本』の学説が自由主義的であるとして、政府は滝川教授を休職処分にしたのに対し、法学部教官が辞職し抗議した事件）。また、一九三五（昭和一〇）年の天皇機関説事件（美濃部達吉博士の見解である憲法の国家法人学説が、国体に反するとして、著書の『憲法撮要』の発売を禁止処分にしたものである)。そこで、日本国憲法が、「学問の自由は、これを保障する」(第二三条)、と規定するのは、このような公権力の侵害による過去の事例経験から、再発の防止のために設けられたものである。学問の自由は、大学又は研究機関における研究者に限って、保障されるものではなく、個々の国民に保障されるものである。憲法の保障する学問の自由とは、個々の国民による学問研究や、その成果の発表が、たとえ国家の意思に反する内容のものであっても、それが真理の探究である限り、公権力によって干渉や制限をすることは許されないのである。学問の自由の内容は次のとおりである。

(1) 学問研究の自由

内面的精神活動の自由である第一九条の思想の自由の学問における現れである。何人も、いかなる内容の学問研究をすることも自由であり、また、いかなる手段、方法によって研究することも自由であって、それについて国家が干渉したり制限を加えることはできない。

(2) 学問研究の成果を発表する自由

外面的精神活動の自由である第二一条の表現の自由と関連する。研究の自由が保障されても、その研究成果を外部に自由に発表して、第三者から批判や誤りを指摘されて、学問の進歩や発展が期待できる。しかし、研究成果を外部に自由に発表する以上、外部的な影響も考慮されるので全く自由とはいえず、学問の自由の濫用になれば制約を受けることになる。

(3) 教授の自由

教授の自由とは、主として高等教育機関である大学において、学者がいかなる学説を唱えようとも、それに対して国家が干渉や制限を加えることは、一切許さないということである。

次に、第二三条は高等教育機関、主として大学における教授の自由を保障するものであるが、下級教育機関における教師に教育の自由が保障されるか否か問題となる。憲法第二三条は、主として大学における教授の自由を保障するものであって、下級教育機関における教育の自由を保障するものではない、と解するのがかつての通説であった。これに反し、教科書訴訟検定処分の取消訴訟の判決で、「教師の教育ないし教授の自由は学問の自由を定めた憲法二三条によって保障されていると解せられる。……憲法二三条は、教師に対し学問研究の自由はもちろんのこと学問研究の結果自らの正当とする学問的見解を教授する自由をも保障していると解するのが相当である」として、「下級教育機関における教師についても、基本的には、教育の自由の保障は否定されていないというべきである」と判示し、教師の教育の自由は憲法上保障されているとする。[29] しかし、これとは逆に、第一次家永訴訟第一審判決は、「教育ないし教授の自由は、学問の自由と密接な関係を有するが、必ずしもこれに含まれるものではない」と解して、否定的な見解をとっている。この問題について最高裁（最大判昭和五一・五・二一刑集三〇巻五号六一五頁）は、旭川学力テスト事件判決で下級教育機関の教師は、「教授の自由を有し、公権力による支配、介入を受けないで自由に子どもの教育内容を決定することができるとする見解も採用することができない」、しかし、「……一定の範囲における教授の自由が保障されるべきことが肯定できないではない」としつつも、「大学教育の場合には、学生が一応教育内容を批判する能力を備えていると考えられるのに対し、普通教育の場合においては、児童生徒にこのような能力がなく、教師が児童生徒に対して強い影響力、支配力を有すること」、さらには「普通教育においては、子どもの側に学校や教師を選択する余地が乏しく、教育の機会均等を図る上からも全国的に一定に水準を確保すべき強い要請があること等に思いをいたすときは、普通教育における教師に完全な教授の自由を認めることはとうてい許されない」と解し否定的である。つまり、高等教育機関の教員には完全な教授の自由が保障されるが、下級教育機関の教師には、一定の制限付きで教授の自由が保障されるのである。近時の学説は、憲法第二三条、第二六条若しくは憲法的自由を根拠として、初等中等教育機関の教師にも、教育の自由を認めるべきであるという見解が有力になってきている。

六　大学の自治

大学における学問の自由が保障されるためには、大学の自治が保障されなければならない。学問の自由と大学の自治は、観念的には別個のものであるが、両者は不可分の関係にある。研究教育の中心的存在である大学において、真理の探究を行うためには、外部からの勢力による干渉を排除して、自主的、自律的運営が確保されなければならない。大学の自治の保障なくして、学問の進歩はありえないからである。

(1) 大学の自治の内容

大学の自治は、大学が外部的勢力によって干渉されることなく、学問研究や教育に必要な事柄は、その大学の教授会その他の研究者の組織によって、自主的に決定されることをいう。大学の自治の内容をなすものとして、次のようなものがある。

(1) **教員人事の自治**　大学の自治の内容で最も重要で基本的なものは、人事の自治である。教員人事の自治は、国・公立大学あるいは私立大学であるとに関係なく、教員の採用や学長、学部長等の管理職の人事については、大学の自主的判断に基づいて決定されなければならない。教員の人事について、教育公務員特例法は、大学の学長、教員及び部局長の採用・昇任・転任・降任・免職・懲戒処分の審査等をすべて大学の管理機関が行うことを認めている（第四条～第一二条）。政府や文部科学省といった国家権力による人事の介入は許されない。

(2) 施設・学生の管理の自治　大学では施設及び学生を自主的に管理することができる。学問の自由は警察権力の監視や統制の下では保障されない。大学の自治が認められる以上、大学が自主的に管理するが、大学自ら処理しえない不測の事態が生じた際には、学長は警察権の学内立ち入りを要請することができる。その場合は、緊急やむをえない場合であり、大学の要請に基づく場合に限り、警察の恣意的な介入は許されない。大学の自治と警察権との関係で問題になったものに東大ポポロ事件、愛知大学事件[30]等がある。

(3) 教育・研究内容の自治　大学における研究者の研究や教育活動、及びその内容や方法等については、国やその他の機関による干渉や制限は許されず、大学内部の自主的決定によって行われる必要がある。

(4) 予算管理の自治　大学の自治の保障が確立されるには、財政的自主権が重要になってくる。国・公立の大学は、国や地方公共団体が私立大学は、学校法人の理事会が経営権を有する。そこで、この予算の使用方法や配分方法について、大学と経営者との間で、適正に行われることが重要になってくる。

東大ポポロ劇団事件

この事件は、昭和二七年二月二〇日東京大学の構内において、同大学公認のポポロ劇団の演劇発表会が行われた際に、情報収集活動のために学内に立ち入っていた警視庁本富士警察署の私服警官を、学生たちが発見し警察手帳を奪う等の暴行を加えたために、暴力行為処罰法一条一項違反として起訴されたのに対し、学生側は警察官の立ち入りは大学の自治を侵害する違法な行為であるとして、争われた事件である。

第一審判決（東京地判昭和二九・五・一一判時二六号三頁）は、警察官が学内に立ち入り長期に亘って情報収集活動を行ったことは、大学の自治を侵害する違法な行為であるとして、学生の行為は大学の自由、自治に対する侵害行為を防衛するための正当行為であるとして無罪とした。第二審判決（東京高判昭和三一・五・八高刑集九巻五号四二九頁）も一審同様に、被告人の行為は違法性を阻却し無罪とした。これに対し、最高裁判決（最大判昭和三八・五・二二刑集一七巻四号三七〇頁）は、原判決および第一審判決を破棄し差し戻した。

最高裁判所は判決の中で、「大学における学問の自由を保護するために、伝統的に大学の自治が認められている。大学の施設と学生は、これらの自由と自治の効果として、施設が大学の当局によって自治的に管理され、学生も学問の自由と施設の利用を認められるのである。大学における学生の集会も、右の範囲において自由と自治を認められるのであって、大学の公認した学内団体であるとか、大学の許可した学内集会であるとかいうことのみによって特別な自由と自治を享有するものではない。学問的な研究またはその結果の発表のためのものではなく、実社会の政治的社会的活動に当たる行為をする場合には、大学の有する特別の学問の自由と自治は享有しない」、「その集会が学生のみのものでなく、とくに一般の公衆の入場を許す場合には、むしろ公開の集会と見なされるべき」であるとして、「本件集会は、真に学問的研究と発表のためのものでなく、実社会の政治的社会的活動であり、かつ公開の集会またはこれに準じるものであって、大学の学問の自由と自治はこれを享有しないといわなければならない。したがって、本件の集会に警察官が立ち入ったことは、大学の学問の自由と自治を侵すものではない」と判示した。

第六節　人身の自由

一　総　説

過去には不法な逮捕や監禁及び拷問などによって、人身の自由が不当に侵害された。人身の自由とは、人間の身体的自由が、不当に拘束されない自由をいう。日本国憲法における身体の自由については、第一八条の奴隷的拘束及び苦役からの自由を保障し、第三一条以下に刑事手続きに関する身体の自由について規定している。

二　奴隷的拘束及び苦役からの自由

第一八条は、「何人も、いかなる奴隷的拘束も受けない。又、犯罪に因る処罰の場合を除いては、その意に反する苦役に服させられない」と規定する。本条は、アメリカ合衆国憲法修正第一三条の「奴隷および本人の意に反する苦役は、犯罪に対する刑罰として、当事者が適法に宣告を受けた場合を除くほか、合衆国内またはその管轄に属するいずれの地にも依存してはならない」という規定に由来するとされる。奴隷的拘束とは、「自由な人格者であることと両立しない程度に身体の自由が拘束されている状態をいう」[31]とされる。具体的には、人身売買や監獄部屋はもちろんのこと、脅迫・監禁等の手段によって労働を強制することは、ここにいう奴隷的拘束にあたる。憲法の保障規定は、国民が国家に対し、そのような拘束を受けないことを請求する権利であるが、この規定は私人間にも及ぶことになる。例えば、奴隷的拘束や苦役を内容とする私的契約は、本条や民法第九〇条に違反し無効となる。その意に反する苦役とは、一般に本人の意思に反して、強制される労役のことをいうと解されている。また、本条後段には、「犯罪による場合を除いては」とあるから、刑罰の執行[32]としてならば許される。しかし、その場合でも奴隷的拘束や残虐な行為は許されないことはいうまでもない。

三　法定手続きの保障

第三一条は、「何人も、法律の定める手続によらなければ、その生命若しくは自由を奪はれ、又はその他の刑罰を科せられない」と定める。

本条は、人身の自由の保障に関する基本原則を規定したものである。この規定は、アメリカ合衆国憲法修正第五条及び修正第一四条に由来するものである。ここにいう「法律」とは、国会の定める形式的意味の法律をいうが、刑罰については法律の委任がある場合に限り、命令及び条例に設けることができる。法定手続きの保障(33)は、単に手続きが法律上で定められていることを意味するだけではなく、刑罰を科する手続きを法律で定めることのみを要求するのではなく、手続法と実体法の両者が、正当な法によることを要求していると解する。つまり、憲法第三一条の適正手続きは、法文の規定からは、手続きのみに限定されるようにみえるが、このように狭く解する必要はない。「法律の定める手続き」は、刑事訴訟法手続きを法律で定めることを要求するだけではなく、いかなる行為について、いかなる刑罰が科せられるかについても、法律で規定されることが要求されるのである。

四　不法な逮捕からの自由

第三三条は、「何人も、現行犯として逮捕される場合を除いては、権限を有する司法官憲が発し、且つ理由となつてゐる犯罪を明示する令状によらなければ、逮捕されない」と定める。これは、刑事手続きにおける身体の自由、すなわち、逮捕についてその濫用を防止して、身体の自由を保障するものである。何人も、原則として司法官憲が発する令状によらなければ、逮捕されないことを意味する。「司法官憲」とは、裁判官のことである。裁判官に令状発布の権限を与えたのは、厳正中立の立場にある裁判官の方が、捜査機関による恣意的な不当な逮捕を防止できると考えたからである。「逮捕」とは、身体の自由を拘束することをいう。人を逮捕する場合には、原則として裁判官の発する令状を必要とし、令状には逮捕の理由となっている犯罪事実を、明示しなければならない。これは令状主義を定めたものである。憲法第三三条は、この令状主義の例外として「現行犯逮捕」の場合を定めている。現行犯の場合は、犯人及び犯罪事実が明白であり、不当な逮捕が行われる危険性がないからである。また、刑事訴訟法は、「現に罪を行い、又は現に罪を行い終つた者を現行犯人とする」と定めている（刑訴法第二一二条第一項）。その他に、犯人として追呼されている者、贓物や明らかに犯罪の用に供したと思われる兇器、その他の物を所持している者、身体又は被服に犯罪の顕著な証跡がある者、誰何されて逃走しようとする者が、罪を行い終わってから間もないと明らかに認められるときは、これを現行犯人とみなす旨を定めている（同第二一二条第二項）。このような場合を「準現行犯」といい、憲法が令状主義の例外を認めていることから、準現行犯も第三三条の現行犯と解している。

五　不法な抑留拘禁からの自由

第三四条は、「何人も、理由を直ちに告げられ、且つ、直ちに弁護人に依頼する権利を与へられなければ、抑留又は拘禁されない。又、何人も、正当な理由がなければ、拘禁されず、要求があれば、その理由は、直ちに本人及びその弁護人の出席する公開の法廷で示されなければならない」と定める。本条は、逮捕後の抑留、拘禁といった人身の拘束が、不当に行われるのを防止するための保障規定である。判例[34]は、本条が保障する権利は、被告人自ら行使すべきもので、裁判所、検察官等は、被告人にこの権利を行使する機会を与え、その行使を妨げなければよく、それ以上にわたって被告人に説示する必要はない、とする。「抑留」とは、一時的な身体の自由の拘束のことであり、刑事訴訟法にいう勾引のことをいい、「拘禁」とは、継続的な身体の自由を拘束することであり、勾留がこれにあたる。「抑留」、「拘禁」をするには、「正当な理由」を直ちに告げなければならない。ここでいう理由とは、抑留、拘禁となった犯罪事実であるが、何人も、正当な理由がなければ、拘禁[35]されず、要求があれば、その理由は直ちに本人及びその弁護人の出席する公開の法廷で示さなければならない。この趣旨を受けて刑事訴訟法は、勾留理由開示の制度を規定している（刑訴法第八二条以下）。

六　不法な侵入、捜索、押収からの自由

第三五条は、「何人も、その住居、書類及び所持品について、侵入、捜索及び押収を受けることのない権利は、第三十三条の場合を除いては、正当な理由に基いて発せられ、且つ捜索する場所及び押収する物を明示する令状がなければ、侵されない（第一項）。捜索又は押収は、権限を有する司法官憲が発する各別の令状により、これを行ふ（第二項）」と定める。侵入、捜索の要件として、明治憲法第二五条は、「日本臣民ハ法律ニ定メタル場合ヲ除ク外其ノ許諾ナクシテ住所ニ侵入セラレ及捜索セラルヽコトナシ」と規定していたが、法律による保障を定めるだけで、不完全な保障であったため、日本国憲法では、令状による場合と第三三条の現行犯の場合を明記した。「住居」

とは、人の居住するための建物をいい、現在、居住しているかどうかに関係なく、事務室、教室、旅館の客室等も住居である。「書類及び所持品」とは、各人が占有権を有する一切の物をいう。

住居の侵入、捜索及び書類及び所持品の捜索と押収を行うには、裁判官の発する捜索場所及び押収する物件を明示する令状[36]を必要とするのである。しかし、この原則は第三三条の場合を除くとあるから、この第三三条の場合とは現行犯逮捕の場合だけか、あるいは令状による逮捕の場合と現行犯逮捕による両者を含むのかどうか争いがあるが、両者を含むと解すべきであろう。次に、本条の規定は刑事手続きについて定めたものであるが、行政手続きにも適用があるか否か問題となる。人権保障の精神から考慮すれば、行政手続きにも適用があると解すべきである。最高裁判所判例も川崎民商事件の判決[37]で、「憲法三五条一項の規定は、本来、主として刑事責任追及の手続における強制について、それが司法権による事例の抑制の下におかれるべきことを保障した趣旨であるが、当該手続が刑事責任追及を目的とするものでないとの理由のみで、その手続における一切の強制が当然に右規定による保障の枠外にあると判断することは相当ではない」と判示している。

七　拷問及び残虐な刑罰の禁止

第三六条は、「公務員による拷問及び残虐な刑罰は、絶対にこれを禁ずる」と定める。これは、アメリカ合衆国憲法増補第八条の、「残虐で異常な刑罰を科してはならない」という規定に由来するものである。「拷問」とは、被疑者、被告人から自白を得るために、許されない肉体的に苦痛を与えることである。明治憲法には、この拷問に関する規程はなく、拷問は従来から禁止されていたが、自白が有力な証拠とされていたため、実際上はかなり行われていた。そこで、憲法第三六条は強くこれを禁止し、これを担保するために、第三八条で拷問による自白は証拠能力を否定し、また、刑法は特別公務員暴行陵虐罪の規定を設け、拷問を行った公務員の刑罰を重くしている（刑法第一九五条・第一九六条）。残虐な刑罰も絶対に禁止される。「残虐な刑罰」とは、判例によれば、不必要な精神的、肉体的苦痛を内容とする人道上残酷と認められる刑罰である、とされる（最大判昭和二三・六・三〇刑集二巻七号七七七頁）。

次に、死刑が憲法第三六条にいう「残虐な刑罰」にあたるかどうかである。これについて、判例は、「……憲法一三条においては、公共の福祉という基本原則に反する場合には、生命に対する国民の権利といえども立法上制限乃至剝奪されることを当然予想しているものといわねばならぬ。そしてさらに、憲法三一条によれば、国民個人の生命の尊貴といえども、法律の定める適理の手続きによって、これを奪う刑罰を科せることが、明らかに定められている。すなわち、憲法は……刑罰として死刑の存置を想定し、これを是認したものと解すべきである」とし、それゆえ、「刑罰としての死刑そのものが、一般に直ちに〔憲法三六条〕にいわゆる残虐な刑罰に該当するとは考えられない。ただ……将来若し死刑について火あぶり、はりつけ、さらし首、釜ゆでの刑のごとき残虐な執行方法を定める法律が制定されたとするならば、その法律こそは、まさに憲法三六条に違反するものというべきである」（最大判昭和二三・三・一二刑集二巻三号一九一頁）、としている。

八　刑事被告人の権利

刑事裁判における被告人の人権が、不法に侵害されることのないように、刑罰の内容だけではなく刑罰を科せる手続きも、充分配慮し慎重でなければならない。そこで、刑事裁判における被告人の権利として、公平な裁判所の迅速な公開裁判を受ける権利、証人審問権、弁護人依頼権の保障を規定している。

(1) 公平な裁判所の迅速な公開裁判を受ける権利

憲法第三七条第一項は、「すべて刑事事件においては、被告人は、公平な裁判所の迅速な公開裁判を受ける権利を有する」と規定する。「公平な裁判所」とは、判例（最大判昭和二三・五・二六刑集二巻五号五一一頁）によれば、「公正其他において偏頗の惧れなき裁判所の裁判」であって、「個々の事件につき内容実質が具体的に公正妥当なる裁判を指すのではない」とする。したがって、個々の具体的事件において、法律の誤解、事実の誤認、量刑の不当等により、被告人に不利益な裁判がなされても、それだけで、公平な裁判所の裁判ではないといえない。そのため、この公平な裁判所の裁判を保障するために、裁判官、裁判所書記官について除斥、忌避、回避の制度が定められている（刑訴法第二〇条〜第二六条、刑訴規則第九条〜第一六条）。この公平な裁判を受ける権利が害されたとされる判例として、「高田事件」がある。判決は、「憲法三七条一項の保障する迅速な裁判を受ける権利は、憲法の保障する基本的な人権の一つであり、右条項は、単なる迅速な裁判を一般的に保障するために必要な立法上および司法行政上の措置をとるべきことを要請するにとどまらず、さらに個々の刑事事件について、現実に右の保障に明らかに反し、審理の著しい遅延の結果、迅速な裁判を受ける被告人の権利が害せられたと認められる異常な事態が生じた場合には、これに対処すべき具体的な規定がなくても、もはや当該被告人に対する手続の続行を許さず、その心理を打ち切るという非常救済手段がとられるべきことをも認めている趣旨の規定である」（最大判昭和四七・一二・二〇刑集二六巻一〇号六三一頁）と解している。

(2) 証人喚問権

第三七条第二項は、「刑事被告人は、すべての証人に対して審問する機会を充分に与へられ、又、公費で自己のために強制的手続により証人を求める権利を有する」と定める。刑事被告人に対する不利益な証言が反論することなく、一方的に証拠として採用されるならば、裁判は公正に行われなく、被告人の人権は侵害されることになる。そこで、刑事裁判における手続的保障として、刑事被告人に不利益となる証言をした証人に対して、審問する機会を充分に与え裁判の公正を確保するのである。被告人が、審問する機会が充分与えられなかった場合には、その証人の証言は証拠能力が否定され、証拠とすることはできない。証人喚問権の保障である。これについて、裁判所は、被告人側の申請した証人をすべて喚問する必要はなく、当該裁判所において必要適切な証人を喚問すればよいとしている（最大判昭和二三・七・二九刑集二巻九号一〇四五頁）。また、公費とは、証人尋問に要する費用のことで証人の旅費や日当等をいい、これらを国家が支給し被告人の防御権の行使を保障するのである（最大判昭和二三・一二・二七刑集二巻一四号一九三四頁）。

(3) 弁護人依頼権

第三七条第三項は、「刑事被告人は、いかなる場合にも、資格を有する弁護人を依頼することができる。被告人が自らこれを依頼することができないときは、国でこれを附する」と定める。弁護人依頼権の保障は、憲法第三一条に規定する適正手続を具体化したものであり、適正手続きを確保する不可欠のものである。被告人が裁判手続きにおいて、自己の権利、利益を充分防御するためには、被告人自身のみでは不可能で法律専門家の援助を受けることが必要である。そのためには弁護人依頼権を保障しなければならない。この弁護人依頼権は、被告人自ら行使すべきもので、裁判所は被告人にこの権利を行使する機会を与え、その行使を妨げなければ充分であると解している（最判昭和二八・四・一刑集七巻四号七一三頁）。また、被告人が、貧困その他の事由で自ら弁護人の選任をなしえないときは、国選弁護人が附せられる（刑訴法第三六条）。なお、必要的弁護事件では、必ず弁護士をつけなければ、裁判することができないことになっている。

（４）自己に不利益な供述を強要されない自由

第三八条第一項は、「何人も、自己に不利益な供述を強要されない」と定める。ここに規定する「自己に不利益な供述」とは、自己の刑事責任に関する不利益な供述をいう。つまり、有罪判決の基礎となる事実及び量刑上不利益な事実の供述を指すのである。この規定の保障を受けるのは、刑事被告人や被疑者に限らず、刑訴、民訴手続きにおける証人や議院証言法による証人なども含まれる。刑事訴訟法はこの第一項の趣旨を受けて、「何人も自己が刑事訴追を受け、又は有罪判決を受ける虞のある証言を拒むことができる」（第一四六条）と規定し、また、被疑者及び被告人については、黙秘権を保障している。そこで、憲法第三八条第一項と氏名の黙秘について、最高裁は、「（憲法三八条一項）の法意は、何人も自己が刑事上の責任を問われる虞ある事項について供述を強要されないことを保障したものと解すべきであることは、この制度発達の沿革に徴して明らかである。氏名のごときは、原則としてここにいわゆる不利益な事項に該当するものではない」、とする（最判昭和三二・二・二〇刑集一一巻二号八〇二頁）。

（５）自白の証拠能力・補強証拠

第三八条第二項は、「強制、拷問若しくは脅迫による自白又は不当に長く抑留若しくは拘禁された後の自白は、これを証拠とすることができない」と定める。被疑者や被告人に対して、強制、拷問、あるいは不当に長期の身体的な拘束を加えて、自白をさせることは被疑者、被告人といえども人間の尊厳を侵害するもので許されるものではない。このような自白は、任意性のない自白であり、証拠能力を否定するというのが、本条の趣旨である。これを受けて刑事訴訟法は、「任意にされたものでない疑いのある自白」には証拠能力がないとしている（第三一九条第一項）。判例は、「被疑者が、……検察官の、自白すれば起訴猶予にする旨の言葉を信じ、起訴猶予になることを期待してした自白は、任意性に疑いがあるものとして、証拠能力を欠く」としている（最判昭和四一・七・一刑集二〇巻六号五三七頁）。また、「不当に長く抑留若しくは拘禁された後の自白」[38]も強制による自白となるから証拠とすることができない。不当に長い抑留若しくは拘禁と自白との間に、因果関係の存在が必要であるか否かについて、判例は、自白の原因が不当に長い抑留又は拘禁によることが明らかな場合、及び因果関係が不明の場合にはいずれも証拠能力が否定されるが、自白と不当に長い抑留又は拘禁との間に因果関係がないことが明白な場合には、かかる自白は証拠とすることができると解する（最大判昭和二三・六・二三刑集二巻七号七一五頁）。第三八条第三項は、「何人も、自己に不利益な唯一の証拠が本人の自白である場合には、有罪とされ、又は刑罰を科せられない」と定める。本項は、本人の自白だけでは、有罪とすることはできない趣旨である。本人の自白は、補強証拠なくして有罪の証拠とすることはできない。何故なら、自白を唯一の証拠として有罪とすることができるとすれば、自白の強要が繰り返され第三八条第一項の保障が無意味な規定となり、また、自白だけで裁判することは誤判の危険性も生じるからである。次に、公判廷における被告人の自白も「本人の自白」[39]に含むかどうかについて争いがある。これについて最高裁は、一貫して「本人の自白」には、公判廷における被告人の自白を含まないとしている（最大判昭和二三・七・二九刑集二巻九号一〇一二頁）。

（6）事後法の禁止・一事不再理・二重処罰の禁止

第三九条前段は、「何人も、実行の時に適法であつた行為……については、刑事上の責任を問はれない」と定める。この趣旨は、実行のときに適法ではなかったが、処罰規定が設けられていなかった場合に、後に処罰規定を定めて処罰することは許されない。また、実行のときに処罰規定があった場合でも、後になって行為時の刑よりも重く処罰することも許されない。さらに憲法第三九条は、「何人も……既に無罪とされた行為については、刑事上の責任を問はれない」と定める（前段後半及び後段）。有罪判決又は無罪判決を受けた者が、同一の犯行について重ねて訴追され、処罰されることはないとする保障は、近代国家の刑事裁判には広く認められている原則である。「既に無罪とされた行為については、刑事上の責任を問はれない」とは、すでに無罪の裁判のあった行為については、再び刑事上の責任を問われないという趣旨である。(40) また、下級審の無罪又は有罪判決に対して、検察官が上訴をなし有罪又はそれより重い刑の判決を求めることは、一事不再理、二重処罰の禁止に反するものではない。憲法第三九条の禁止しているのは、終審として確定した判決(41)についてである。

(7) 刑事補償

憲法第四〇条は、「何人も、抑留又は拘禁された後、無罪の裁判を受けたときは、法律の定めるところにより、国にその補償を求めることができる」と定める。本条は、何人もとあるように、原則として日本国民だけではなく、外国人も含むと解する。

ここにいう法律とは、刑事補償法である。刑事補償法の規定によれば、刑事訴訟法の通常手続き、再審、非常上告の手続きについて無罪の裁判を受けた者が、未決の抑留又は拘禁を受けていた場合に、国に対して補償を請求できる（刑事補償法第一条第一項）と定める。(42)

「抑留」は一時的な身体の拘束をいい、「拘禁」は継続的な身体の拘束をいうとされている。(43) この抑留又は拘禁は、必ずしも違法になされたものでなく、適法になされた場合でも、無罪の裁判を受けたときは、国が損害を補償することになる。無罪の裁判とは、刑事訴訟法によるところの無罪の裁判である。ところが、刑事補償法第二五条には、免訴又は公訴棄却の裁判を受けた者でも、もし免訴又は公訴棄却の裁判をすべき事由がなかったならば、無罪の裁判を受けるべきものと認められる充分な事由があるときも、「無罪の裁判」を受けた場合と同様に取り扱うべきである、としている。不起訴処分を受けた者は請求することはできない。①本人が捜査又は審判を誤らせる目的で虚偽の自白をなし、または他の有罪の証拠を作為することにより起訴、未決の抑留若しくは拘禁又は有罪の裁判を受けるに至った場合、②一個の裁判によって、併合罪の一部について無罪の裁判を受けても、他の部分について有罪の裁判を受けた場合には、裁判所は補償の一部又は全部をしないことができる（同法第三条）。

第七節　経済的自由

一　居住・移転の自由

第二二条第一項は、「何人も、公共の福祉に反しない限り、居住、移転……の自由を有する」と定める。「居住の自由」とは、何人も国内のいかなる場所にでも、自己の好むところに住所又は居所を定める自由をいい、「移転の自由」とは、それを移転する自由をいう。居住、移転の自由は、人間の基本的な自由に属するもので、人を一定の土地に拘束し、その移動を禁止することは、人間の尊厳を侵すもので絶対に許されない。しかし、居住移転の自由は、絶対的自由を有するものではなく、公共の福祉による制約を受ける。この場合の制限も合理的な必要最小限でなければならない。

例えば、伝染病予防法第八条に基づく、伝染病患者の強制隔離、受刑者の受刑施設への収容、特定の公務員の居住地の指定、災害対策基本法に基づく避難指示等は、居住、移転の自由に対する公共の福祉による制限である。

第二項は、「何人も、外国に移住……する自由を侵されない」と定める。「外国に移住する自由」とは、外国に永続的な居住及び一時的な海外渡航も含まれると解する。海外渡航の自由についても、公共の福祉による制約を受ける。海外渡航の自由については、旅券の制度がある。海外に渡航しようとする者は、外務大臣から旅券の発給を受けなければならず、旅券がなければ海外に出国することはできない。海外渡航の自由は、憲法によって保障されているから、旅券を発行するか否かの判断は、外務大臣の自由裁量で決めることはできない。

旅券法第一三条第一項第五号は、外務大臣において、著しくかつ直接に日本国の利益又は公安を害する行為を行う虞がある、と認めるに足りる相当の理由がある者に対しては、外務大臣は旅券の発給を拒否[44]しうると規定しているが、これは公共の福祉による合理的な制限であるとしている。

判例は「外国に移住」する自由は、外国人が日本へ入国する自由を含まないとして、外国人の日本への入国を制限する規定は合憲であるとする。また、日本人と結婚して日本国内に居住するアメリカ国籍の女性が海外渡航に際し、日本への再入国許可申請をした（森山キャサリーン事件[45]）ことに対し、最高裁判所は、わが国に在留する外国人は、外国へ一時旅行する自由を憲法上保障されているものではないと解している。

二　職業選択の自由

第二二条第一項は、「何人も、公共の福祉に反しない限り……職業選択の自由を有する」と定める。職業選択の自由は、自己が職業を選択する自由とその選択した職業を行う自由（営業の自由）の二つを包含するものと解せられる。最高裁判所も「職業選択の自由を保障するというなかには、広く一般に、いわゆる営業の自由を保障する趣旨を包含しているものと解すべきであり、ひいては、憲法が個人の自由な経済活動を基調とする経済体制を一応予定しているものということができる」[46]としている。職業選択の自由が保障されているからといって、絶対無制約ではなく、他の自由と同様に「公共の福祉」による制約を受ける。また、他の自由と異なり、政策的制約にも服する。第二二条第一項が、「公共の福祉に反しない限り」と重ねて述べていることからも、職業選択の自由に対する政策的制約の根拠とされるところである。つまり、公権力による規制の要請が強いという趣旨である。職業選択の自由は、経済的活動であり精神的自由に比較して、公権力による規制が強いことはいうまでもない。

制約の態様については、特許、許可、資格、届出制を要するもの等がある。

特定の営業の配置の適正について次のような判例がある。

公衆浴場法は、公衆浴場の設置場所若しくはその構造設備が公衆衛生上不適当である場合、あるいは配置の適正を欠くと認めるときは、知事は許可をしないことができるとし、福岡県条例は、配置の基準として既存業者との間に一定の距離制限を定めている。この制限が営業の自由を侵害し違憲ではないかと争われた。これに対し、最高裁判所は、「適正配置規制の目的は、国民保健及び環境・衛生の確保にあるとともに、公衆浴場が自家風呂を持たない国民にとって日常生活上必要不可欠な厚生施設であり、入浴料金が物価統制令により低額に統制されて」おり、「利用者の範囲が地域的に限定されているため企業としての弾力性に乏しいこと、自家風呂の普及に伴い公衆浴場の経営が困難になっていることなど」から「既存公衆浴場業者の経営の安定を図ることにより、自家風呂を持たない国民にとって必要不可欠な厚生施設である公衆浴場自体を確保しようとすることも」その目的であり、適正配置規制は、右目的を達成するための必要かつ合理的な範囲の手段であるから、憲法第二二条第一項に違反しないとしている[47]。

これに反して、薬局開設の距離制限を定めている薬事法第六条第二項・第四項（これらを準用する同法第二六条第二項）は、「社会政策的・経済政策的規制ではなく、主として国民の生命・健康に対する危険の防止という消極的・警察目的のための規制であるが、それにより排除しようとしている薬局等の偏在に伴う過当競争による不良医薬品の供給される危険性は、単なる観念上の想定にすぎないので、公共の利益のために必要かつ合理的な規制ということはできず本条一項に違反し無効である[48]」。

三　財産権の保障

(1) 財産権保障の意味

第二九条第一項は、「財産権は、これを侵してはならない」と定める。本条による財産権の保障の意味については、次の二つの保障を意味するものと考える。第一は、個々の国民の有する財産権を基本的人権の一つとして、保障するという自由権としての保障であり、国民が財産を取得し、取得した財産を使用、収益、処分することが、自由にでき国家がそれを不当に制限してはならないということである。第二は、そのような財産権の基礎となる財産の私的所有が制度として保障されることである。すなわち、私有財産制度の保障である。

(2) 財産権の制約

第二九条第二項は、「財産権の内容は、公共の福祉に適合するやうに、法律でこれを定める」と規定する。この規定は、第一項で保障された財産権も法律によって制限することができ、また、どのような内容の財産権が保障されるのかも法律で定めることができることを宣言したものである。判例[49]は、「公共の福祉を実現しまたは維持するため必要がある場合に、法律により、財産権の行使につき合理的な範囲内の制約を加えることがあるのは憲法の予定するところである」として政策的制約を認めている。財産権の内容は、「法律でこれを定める」とは、一つは憲法が財産権の内容を定めることを立法府の裁量に委ねることを意味し、他は財産権の内容を定める法形式は「法律」に限るということである。そこで、財産権の内容は「法律」で定めるとあるから、条例によって財産権を制限できるか否か問題となる。最高裁は、奈良県が条例を制定し、私有財産の内容に制限を加えることは、第二九条第二項に反すると争われた奈良県ため池条例事件判決で、「ため池の破損、決壊の原因となるため池の堤とうの使用行為は、憲法でも民法でも適法な財産権の行使として保障されていないものであって、憲法、民法の保障する財産権の行使の埒外にあるというべく、従って、これらの行為を条例をもって禁止、処罰しても憲法および法律に抵触またはこれを逸脱するものとはいえない[50]」とした。

(3) 正当な補償

第二九条第三項は、「私有財産は、正当な補償の下に、これを公共のために用ひることができる」と規定する。これは、私有財産を公共の利益のために必要があるときは使用、収用、その他、これ以外の何らかの制限を加える場合には正当な補償をなすべきものとする。「公共のために用ひることができる」とは、私有財産を公共の利益のために使用、収用あるいは制限することが可能であるということである。

そこで、補償は正当な補償でなければならないが、この正当な補償[51]が何を指すかについて、学説上、見解が分かれる。完全補償説と相当補償説である。完全補償説は、収用される当該財産の客観的価値の全額を保障すべきであるとする説である。これに対し、相当補償説は、当該財産について、諸般の事情を考慮して相当と認められる価額を補償すればよいとする説である。正当な補償とは、相当な補償を意味すると解すべきである。通説もそのように解している。判例も、「正当な補償とは、その当時の経済状態において成立することを考えられる価額に基づき、合理的に算出された相当の額をいうのであって、必ずしも常にかかる価額と完全に一致することを要するものではない(52)」と判示し相当補償説の立場をとっている。

第八節　受益権

受益権とは、国民が国家に対して一定の行為を要求する権利である。憲法には受益権として、請願権（第一六条）、国又は公共団体に対する賠償請求権（第一七条）、裁判を受ける権利（第三二条）、刑事補償請求権（第四〇条）等を定めている。

一　請願権

請願権の歴史をみれば、最初は一二一五年のマグナ・カルタ第六一条に始まるといわれている。国民が君主に対して不利益を受けた場合に、その権利の救済を求めるために認められた制度である。しかし、近代国家では、司法制度が、議会制度の発達により、請願制度の意味は薄れてきている。

第一六条は、「何人も、損害の救済、公務員の罷免、法律、命令又は規則の制定、廃止又は改正その他の事項に関し、平穏に請願する権利を有し、何人も、かかる請願をしたためにいかなる差別待遇も受けない」と定める。この請願については、明治憲法第三〇条で、「日本臣民ハ相当ノ敬礼ヲ守リ別ニ定ムル所ノ規程ニ従ヒ請願ヲ為スコトヲ得」と定めていた。しかし、請願が可能であるといっても、すべてのことに請願が許されるのではなく、旧請願令では皇室典範、帝国憲法の変更に関する事項、裁判に関する事項について請願は禁止されていた。請願とは、国、地方公共団体の機関に対して、国民がその職務に関する事項について、希望を述べることをいう。憲法は請願を権利として保障しているが、国や公共団体は請願を誠実に受理する義務を負わせるにとどまり、請願内容に応じた何らかの措置をとる法的義務[53]を負うものではない。また、請願は憲法上、平穏に行使しなければならず、請願の手続きについては請願法に定められている。したがって、平穏に請願する権利を保障しているのであるから、暴力の行使や脅迫といった方法で、請願権の行使をすることは認められない。国会の各議員及び地方公共団体の議会に対する請願については、それぞれ国会法、地方自治法に定められている。国会の各議員や地方公共団体の議員に対する請願は、議員の紹介により請願書を提出しなければならない。請願すれば、国や地方公共団体の機関は、請願を受理して誠実に処理する義務を負い、請願したものはそのためにいかなる差別待遇も受けない。何故なら、請願は憲法上の権利であるからである。

二 賠償請求権

第一七条は、「何人も、公務員の不法行為により、損害を受けたときは、法律の定めるところにより、国又は公共団体に、その賠償を求めることができる」と定める。明治憲法下では、公務員の不法行為によって損害を受けた場合に、国又は公共団体に対し損害賠償の請求ができるか否かの明確な規定はなかった。ただ、判例で公務員の不法行為を権力作用による場合と非権力作用による場合とに区別し、非権力作用に基づく場合には国及び公共団体が賠償責任を負うものとしていた。これに対し、日本国憲法第一七条は、公務員の不法行為により損害を受けた者は、国又は公共団体に、その賠償を求めることができると定め、公務員の不法行為が非権力的作用か権力的作用によるかに関係なく、それによって国民が損害を受けたときは、公務員の属する国又は公共団体がその賠償すべき義務を負わせられている。この憲法の趣旨を受けて、国家賠償法が制定されている。その第一条には、「国又は公共団体の公権力の行使に当たる公務員が、その職務を行うについて、故意又は過失によって違法に他人に損害を加えたときは、国又は公共団体が、これを賠償する責に任ずる」（国家賠償法第一条第一項）。権力的作用による場合であり、「公務員の不法行為」は、民法上の不法行為の要件を充足する必要があり、そのような場合に国又は公共団体に対してのみ賠償請求できるとする。また、「道路、河川そのたの公の営造物の設置又は管理に瑕疵があったために他人に損害を生じたときは、国又は公共団体は、これを賠償する責に任ずる」（同第二条第一項）と規定する。本項は、国や公共団体の無過失責任を定めたものである。(54)

三　裁判を受ける権利

第三二条は、「何人も、裁判所において裁判を受ける権利を奪はれない」と定める。明治憲法に「日本臣民ハ法律ニ定メタル裁判官ノ裁判ヲ受クルノ権ヲ奪ハル、コトナシ」（明憲第二四条）と同趣旨である。本条の裁判を受ける権利は二つの意味がある。第一は、民事、行政事件について、裁判所に訴訟を提起し裁判を求める権利を有することである。第二は、刑事事件について、裁判所の裁判によらなければ、刑罰を科せられないということである。

ここでいう「裁判所」とは、最高裁判所及び法律の定めるところにより設置する下級裁判所をいう。下級裁判所とは、裁判所法第二条第一項に規定する高等裁判所、地方裁判所、家庭裁判所及び簡易裁判所である。第三二条は、訴訟法で規定する管轄権を有する具体的裁判所において、裁判を受ける権利を保障するものであるか否かについて、判例は次のように判示する。それによると、「同条の趣旨は凡て国民は憲法又は法律に定められた裁判所においてのみ裁判を受ける権利を有し、裁判所以外の機関によって裁判されることはないことを保障したものであって、訴訟法で定める管轄権を有する具体的裁判所において裁判を受ける権利を保証したものではない」[55]。また、本条は、裁判所以外の行政機関が前審として審判を行うことを禁止するものではない。このことは、憲法第七六条第二項が、「行政機関は、終審として裁判を行ふことができない」と規定していることからも明白である。この場合には必ず裁判所の裁判が受けられる途が開かれているということである[56]。また、刑事事件について、私人に訴追権を保障したものではないから、検察官の不起訴処分に対して出訴権を認めなくとも、裁判の拒絶にはならないとする[57]。

第九節　社　会　権

日本国憲法は、社会権として生存権（第二五条）、教育を受ける権利（第二六条）、勤労の権利（第二七条）、労働基本権（第二八条）等の権利を保障している。

一　生存権

第二五条は、「すべて国民は、健康で文化的な最低限度の生活を営む権利を有する（第一項）。国は、すべての生活部面について、社会福祉、社会保障及び公衆衛生の向上及び増進に努めなければならない（第二項）」と定める。自由権的基本権は、人間として生まれながらに当然有する権利を、国家権力による不当な侵害を排除して自由に活動できるという、「国家権力からの自由」を意味する自由権の保障であった。つまり、国民は国家に対し不介入・不干渉を要求するものであり、国家は自由放任主義でよかったわけである。ところが、二〇世紀に入り資本主義経済の発展は、貧富の差を生み、新たな困難な問題が生じてきた。それは、単なる形式的な自由や平等の保障だけでは、経済的弱者の真の基本的人権は護れなくなってきたのである。このような経済的弱者の権利は、国家からの自由の保障ではなく、国家に対する積極的行為を要求する権利である。生存権は「健康で文化的な最低限度の生活を営む権利」を意味しているが、この生存権が保障されるためには、人間に値する生活が営まれるように国家に対し、保障するように請求できる。これが社会権といわれるものである。

(1) 生存権規定の法的性格

第二五条の生存権の保障規定の法的性格については、学説は分かれる。大別するとプログラム規定説と法的権利説とがある。プログラム規定説によれば、本条は国の政策目標ないし政治的・道徳的義務を定めたものであって、この規定から個々の国民が国家に対し、具体的な請求権を行使することを保障したものではないとする。最高裁は食料管理法違反事件判決で、食管法は、「国民全般の福祉のため、能う限りその生活条件を安定させるための法律であって、まさに憲法第二五条の趣旨に適合する立法である」と述べ、生存権についても「この規定により直接に個々の国民は、国家に対して具体的、現実的にかかる権利を有するものではない」と解している（最大判昭和二三・九・二九刑集二巻一二三五頁）。

これに対し、法的権利説は、国民の権利と国家の法的義務を規定したものであるとする。この法的権利説は、さらに抽象的権利説と具体的権利説に分かれる。抽象的権利説は、憲法第二五条が、権利であることを明確に規定している以上、これを法的権利でないとすれば矛盾するとして、プログラム規定説を批判する。但し第二五条を直接の根拠として、裁判的救済を求めることはできず、立法によって具体化された場合に、初めて請求権が生じるとする。この見解が多数説である。一方、具体的権利説は、憲法第二五条の規定を根拠に国民が国に対して、具体的な施策を要求する権利を有する、と解する。したがって、国家が憲法第二五条を具体化する立法を講じない場合には、直ちに具体的権利侵害となり、国民は不作為の違憲確認訴訟を裁判所に提起できるとする。思うに、国民は国家に対し、健康で文化的な最低限度の生活を営めるよう、立法や国政の上で必要な措置を講ずべきことを要求する権利を有する。第二五条第一項は、抽象的規定であるため具体的立法が必要である。立法が具体化されれば、国民はそれを根拠に、具体的に生活保障を要求する権利が発生することになる。具体的立法がない以上、この規定を根拠に訴えによって、具体的権利を主張することは許されない。

朝日訴訟

原告の朝日茂は、肺結核治療のため国立岡山療養所に入所し、生活保護法に基づく生活扶助・医療扶助を受けていた。ところが、原告が実兄から毎月一五〇〇円の援助を受けることになったため、津山市社会福祉事務所長は、一五〇〇円のうち、日用品費として六〇〇円を原告に支給し、残りの九〇〇円を従来の医療支給額から控除するという保護変更処分を行った。それに対し、原告はもともと厚生大臣の定める日用品費六〇〇円という保護基準は生活保護法に基づいて決定した、健康で文化的な最低限度の生活を維持するに足りるものでないと、右基準に基づく保護変更決定が違法であると主張したのである。

第一審の東京地方裁判所は、原告の主張を認めた。[58] しかし、控訴審の東京高等裁判所は、本件保護基準が違法であると断定できるほど著しく低額ではないとし、原判決を取消した。[59] そこで、原告の朝日茂は上告したが、その後、原告が死亡したため、最高裁判所は、保護受給権が一身専属権であり、相続の対象になりえないことを理由に、「本件訴訟は、上告人の死亡によって終了した」と判決した。ただ、最高裁判所[60]は、念のためとして生活保護基準の適否に関し次のように述べている。「憲法二五条一項は、……すべての国民が健康で文化的な最低限度の生活を営み得るように国政を運営すべきことを国の責務として宣言したにとどまり、直接個々の国民に対して具体的権利を賦与したものではない。……具体的権利としては、憲法の規定の趣旨を実現するために制定された生活保護法によって、はじめて与えられているというべきである。……、厚生大臣の定める保護基準は、法八条二項所定の事項を遵守したものであることを要し、結局には憲法の定める健康で文化的な最低限度の生活なるものは、抽象的な相対的概念であり、その具体的内容は、文化の発達、国民経済の進展に伴って向上するのはもとより、多数の不確定要素を総合考慮してはじめて決定できるものである。したがって、何が健康で文化的な最低限度の生活であるかの認定判断は、一応、厚生大臣の合目的的な裁量に任されており、その判断は、当不当の問題として政府の政治責任が問われることがあっても、直ちに、違法の問題を生ずることはない。ただ、現実の生活条件を無視して著しく低い基準を設定する等憲法および生活保護法の趣旨・目的に反し、法律によって与えられた裁量権の限界を超えた場合または裁量権を濫用した場合には、違法な行為として司法審査の対象となることをまぬかれない」。……また、「本件生活扶助基準そのものについて見るに……原判決の確定した事実関係の下においては、本件生活扶助基準が入院入所患者の最低限度の日用品費を支弁するに足りるとした厚生大臣の認定判断は、与えられた裁量権の限界をこえまたは裁量権を濫用した違法があるものとはとうてい断定することができない」とした。

堀木訴訟

上告人は、視力障碍により障害者福祉年金を受領していたが、児童福祉手当法に基づく児童扶養手当の受給資格の認定を請求した。しかし、兵庫県知事は、旧法の児童扶養手当法第四条三項三号の併給禁止に該当するとして請求を棄却し、異議申し立ても棄却した。そこで、処分の取消を求め争ったものである。第一審神戸地裁[61]は、併給禁止条項は何ら合理的な理由がないにも拘わらず、障害年金受給者に児童福祉手当の受給を制限していることは、憲法一四条に違反し無効であるとした。第二審の大阪高裁[62]は、併給禁止をしたことによって、「支給事由を増設し、支給対象の範囲の拡大を図ったとしても、立法裁量の範囲を逸脱し、または立法府が著しく裁量権の行使を誤ったものとは認められないから憲法二五条二項に違反しない」とした。これに対し上告がなされ、上告審[63]は、二五条一項・二項は福祉国家の理念に基づく国家の責務を宣言したものであるとして、「その具体化は立法府の広い裁量に委ねられており、それが著しく合理性を欠き明らかに裁量の逸脱・濫用と見ざるを得ないような場合を除き、裁判所が審査判断をするに適しない事柄である」とした。また、併給禁止規定は、「立法府の裁量の範囲に属する事柄であるから本条に反しない」とし、「右の差別は何ら合理的理由のない不当なものであるとはいえないから一四条一項に反しない」とした。

二　教育を受ける権利

第二六条は、「すべて国民は、法律の定めるところにより、その能力に応じて、ひとしく教育を受ける権利を有する（第一項）。すべて国民は、法律の定めるところにより、その保護する子女に普通教育を受けさせる義務を負ふ。義務教育は、これを無償とする（第二項）」と定める。

(1) 国の責務

明治憲法には、教育について何の規定もなく現行憲法では、教育を受ける権利と義務教育について規定している。憲法第二六条は第二五条を受けて、いわゆる生存的基本権のいわば文化的側面として、国民にひとしく教育を受ける権利を保障し、その反面として国に対し、この教育を受ける権利を実現するための立法、その他の措置を講ずべき責務を負わせたものである。子どもの教育を受ける権利に対応して、子どもを教育する責務を負うのは、親を中心とした国民全体である。

(2) 教育権の所在

教育を受ける権利について、さまざまな問題があるが、国による教育への関与のあり方も重要である。つまり教育権の所在に関する問題である。大別して二つの考え方がある。第一は、教育内容について国が関与決定する権能を有するとする「国家教育権説」であり、第二は、子どもの教育については、親、教師を中心とする国民全体であり、国は教育の条件整備をする責務を負うにとどまるとする、「国民教育権説」との対立がある。判例は教育権の所在について、国家教育権説、国民教育権説のいずれを採るかを明言していない。教育権は、いずれか一方に重点を置くと偏頗な教育を行うことになる。教育の重要性を考えれば、国の教育への介入は教育の中立性、自主性を損なわないようにすることが必要である。国家は、国民の教育責務の遂行を助成するために責任を負うものであり、その責任を果たすために国家に与えられる権能は、教育を育成するための諸条件を整備することであり、国家が教育内容に介入することは基本的に許されない（東京地判昭和四五・七・一七行政例集二一巻七号別冊一頁）。また、旭川学力テスト事件の最高裁判決[64]も、憲法第二六条は、福祉国家の理念に基づき、国が積極的に教育に関する諸施設を設けて、国民の利用に供する責務を負うことを明らかにするものであるとしている。第二六条第一項は、教育の機会均等を保障したものであって、具体的には憲法第一四条の趣旨を受けて、教育基本法第四条第一項は、「人種、信条、性別、社会的身分、経済的地位又は門地によって、教育上差別されない」と規定している。さらに、第四条第三項は、「国及び地方公共団体は、能力があるにもかかわらず、経済的理由によって就学が困難な者に対して、奨学の措置を講じなければならない」と定める。

(3) 義務教育の無償

第二六条第二項は、「すべて国民は、法律の定めるところにより、その保護する子女に普通教育を受けさせる義務を負ふ。義務教育は、これを無償とする」と定める。教育基本法は、この趣旨を受けて、「国民は、その保護する子に、別に法律に定めるところにより、普通教育を受けさせる義務を負う」「国又は地方公共団体の設置する学校における義務教育については、授業料を徴収しない」(教育基本法第五条第一項・第四項)と定める。義務教育は無償でなければならないが、この無償の範囲をどのように解するかについて、学説は、授業料無償説と就学必需品無償説の対立がある。授業料無償説は、無償の範囲を授業料のみであるとする。その理由を、①第二六条第二項は、最低限授業料の無償を定めたもので、それ以上に無償の範囲をどこまで拡大するかということは、生存権保障の場合と同様に立法者の裁量に委ねている。②授業料の他にどこまで無償であるかは、憲法の規定から必ずしも明らかでない。③就学必需品無償説は、教育についての親の権利や責任を軽視するものである。④教育に自由を前提とする限り、親が教育費の一部を負担することは、必ずしも不合理なことではない等をあげている。就学必需品無償説が理想であるが、それには立法が必要となる。授業料無償説が正当である。

この無償の意味について最高裁は、「憲法第二六条の義務教育は、これを無償とするという意義は、国が義務教育を提供するにつき有償としないこと、すなわち、その子女に普通教育を受けさせるにつき、その対価を徴収しないことを定めたものであり、同条の無償とは授業料不徴収の意味と解するのが相当である。……したがって、憲法の義務教育無償の規定は、授業料の他に教科書、学用品その他教育に必要な一切の費用まで無償としなければならないことを定めたものではないと解する」としている（最大判昭和三九・二・二六民集一八巻二号三四三頁）。

三　勤労の権利

第二七条第一項は、「すべて国民は、勤労の権利を有し、義務を負ふ」と定める。本項は、すべての国民が、勤労の権利を有することを定めている。この勤労権について、国民が国家に対して、働くことの自由につき干渉や制限を加えることを禁止する、という意味の単なる「自由権」と解する趣旨には解せられない。働く意思と能力を有しながら、労働の機会が得られない者に対し、国は適切な施策を講じることを要求する権利である。しかし、国民は、労働する機会がないから、本条を根拠に国に対し、職を要求する具体的権利を有するものではない。何故なら勤労の権利は社会権であり、第二五条の生存権と同じく立法により、具体的権利の内容が定められない限り、国に対して具体的請求権として行使することは認められないのである。この「勤労の権利」を確保するためには他の立法措置が必要である。現在では、職業安定法、緊急職業対策法、雇用保険法、身体障害者雇用促進法、雇用促進法などの法律が規定されている。

第二七条第二項は、「賃金、就業時間、休息その他の勤労条件に関する基準は、法律でこれを定める」とある。この法律は労働基準法である。これは、勤労条件については、労使間で自由に決めるべきであるが、労働者の利益保護のため、最低基準を法律で定めるというものである。勤労条件を当事者の自由意思による契約に任せると、経済的強者である使用者が、自己に有利な勤労条件を労働者に強制することになり、勤労者の実質的な自由や平等が侵害されることになる。そこで、国家が立法によって勤労について規定し、経済的弱者たる勤労者の生活を確保しようと意図するものである。

第二七条第三項は、「児童は、これを酷使してはならない」と定める。これは、歴史的にも年少者や女子に対して、過酷な労働条件の下に労働させられたという経緯から、特にその禁止を規定したものである。この憲法の趣旨を受けて、労働基準法は年少者の労働について規定している。

四　労働基本権

「勤労者の団結する権利及び団体交渉その他の団体行動をする権利は、これを保障する」（第二八条）。本条は、勤労者の団結権、団体交渉権、団体行動権といった労働三権を生存的基本権として保障したものである。これらの権利は、経済的弱者である勤労者を、使用者との対等の立場に置き、その利益を保護して勤労者の地位の向上と労働条件の適正化を図り、人間に値する生存を保障しようとするものである。第二八条は、単なる自由権と解すべきではなく一般に社会権として解されている。したがって、勤労者には団結権、団体交渉権その他の団体行動をする権利を保障し、また、勤労者は、そのような権利の行使を確保するために、国に対し必要適切な施策を講じることを要求する権利を有し、国はその義務を負うと解する。ここにいう勤労者とは、「職業の種類を問わず賃金、給料その他これに準ずる収入によって生活する者」をいう（労働組合法第三条）。自己の計算で業を営むような者で、例えば、農民、漁民、中小企業者はここにいう「勤労者」には含まれない。公務員も勤労者に含まれるか否かについて争いがある。判例[65]は公務員も勤労者に含まれると解している（最大判昭和四〇・七・一四民集一九巻五号一一九八頁）。

第二八条は、労働基本権の内容として団結権、団体交渉権、その他の団体行動権を与えている。団結権とは、勤労者が労働条件の維持改善を図る目的をもって、団体を組織する権利をいう。具体的には労働組合を結成することである。団体交渉権とは、勤労者の団体がその代表者を通じて、使用者と労働条件について交渉し、労働協約を締結する権利をいう。使用者と勤労者が対等の立場で交渉し、使用者はこの交渉に応じなければならず、使用者が正当な理由がなくこれを拒むことはできない（労働組合法第七条第二項）。団体行動権とは、団体交渉によって使用者と勤労者の意見が一致しないとき、勤労者がその主張を貫徹することを目的として行う行為及びこれに対抗する行為であって、業務の正常な運営を阻害するものをいう（労働関係調整法第七条）。

これらの労働基本権が、保障されているからといっても、他の人権と同じように絶対無制約ではない。公共の福祉による勤労者の基本権の制約の問題であり、なかなか難しい。

公務員の労働三権については、各種の制限が認められている。警察職員、海上保安庁職員、監獄職員、消防職員、自衛隊員はいずれも団体の結成、加入を禁じられ（国公法第一〇八条の二第五項、地公法第五二条第五項、自衛隊法第六四条第一項）、これに違反した者は刑事罰が科せられる。また、これらの者には団体交渉権や争議権も認められていない。

全逓東京中郵事件判決

事案は昭和三三年の春闘に際して、被告人八名が全逓信労働組合の役員として、東京中央郵便局の従業員を勤務時間に食い込む職場集会に参加するよう説得して、現に三八名の従業員に対して職場を離脱させた行為が、郵便物不取扱いの罪（郵便法

第七九条第一項）の教唆罪にあたる者として起訴された事件である。

第一審[66]は、郵便物不取扱いの行為は郵便法七九条一項所定の犯罪構成要件に外形上は該当するが、「一般私企業の勤労者が行う場合は正当なものとされるような行為は、それが形式的には他の刑罰法規に触れる場合においてもなお労組法第一条第二項、刑法第三五条の適用があり違法性を阻却する」として無罪とした。第二審[67]は、「公共企業体等の職員は、公労法第一七条により……争議権自体を否定されているのであるから、その争議行為について正当性の限界如何を論ずる余地はなく、従って、労働組合法第一条第二項の適用はない」として、破棄差戻しの判決をした。これに対し、被告人らは憲法違反、判例違反を理由として上告したのである。

最高裁は、公務員も本条にいう勤労者に他ならない以上、原則として労働基本権の保障を受けるべきものであるが、ただその担当する職務の内容に応じて、私企業の労働者と異なる制約をうけるにすぎない。公務員の労働基本権の制限は、合理性の認められる必要最小限のものにとどめなければならず、その停廃が国民生活全体の利益を害し、国民生活に重大な障害を及ぼす影響を避けるために必要やむを得ない場合について考慮されるべきである。また、違反者に対する刑事制裁を科することには、特に慎重を要し制限に見合う代償措置を講ずることが必要である、と判示した（最大判昭和四一・一〇・二六刑集二〇巻八号九〇一頁、判時四六〇号一〇頁、判タ一九六号二〇五頁）。

第一〇節　国民の義務

明治憲法には、臣民の義務として兵役の義務（明憲第二〇条）と納税の義務（同第二一条）が、また、勅令には教育の義務が定められていた。日本国憲法では、国民の義務として教育の義務（第二六条）、勤労の義務（第二七条）、納税の義務（第三〇条）の三つを定めている。

一　教育の義務

第二六条第二項は、「すべて国民は、法律の定めるところにより、その保護する子女に普通教育を受けさせる義務を負ふ。義務教育は、これを無償とする」と定める。

明治憲法下においては、教育の義務は兵役の義務、納税の義務とともに臣民の三大義務とされていたが、憲法には規定がなく命令によって定められていた。日本国憲法に規定する教育の義務は、その保護する子女に普通教育を受けさせる義務である。普通教育とは、専門教育ではなく、普通の国民のために必要とされる教育である。本条の趣旨を受けて、教育基本法第四条第一項は、「すべて国民は、ひとしく、その能力に応じた教育を受ける機会を与えられなければならず、人種、信条、性別、社会的身分、経済的地位又は門地によって、教育上差別されない」と規定する。教育の義務を負う者は、「子女に対し親権を行う者、親権を行う者がないときは未成年後見人」(学校教育法第二二条)である。受けさせる義務は、九年の普通教育である。この義務を履行させるために、市町村は小学校及び中学校の設置義務を負う(同第二九条・第四〇条)。これに対し、国は財政的な面で援助し、経済的理由によって就学困難と認められる学齢児童の保護者に対しては、市町村は必要な援助をすべきものとされる(同第二五条)。

また、憲法は義務教育の無償を定める。この義務教育の無償の範囲について、学説は二つに大別される。第一説は、授業料無償説である。憲法第二六条第二項後段が規定している範囲を授業料と解する。第二説は、就学必需費無償説である。この説は、授業料の他に教科書代、教材費、学用品等義務教育就学に必要な一切の費用を無償と解する。これについて最高裁は、第二六条第二項後段は、「国が義務教育を提供するにつき有償としないこと……を定めたものであり、教育提供に対する対価とは授業料を意味すると認められるから、同条項の無償とは、授業料不徴収の意味と解するのが相当」であり、「授業料の外に、教科書、学用品その他教育に必要な一切の費用まで無償としなければならないことを定めたもので」はない（最大判昭和三九・二・二六民集一八巻二号三四三頁）と判示している。保護者が子女に対し、私立の小・中学校において義務教育を受けさせることは、国・公立学校の無償の特権を自ら放棄したものであるから、私立学校で授業料を徴収されても本条に違反するものではない。

二　勤労の義務

第二七条第一項は、「すべて国民は、勤労の……義務を負ふ」と定める。憲法は、国民に勤労の権利を定めるとともに勤労の義務を規定している。すべて国民は、「勤労の権利を有する」とは、国は勤労を欲する者に対しては、仕事ができるよう仕事を与え、それができない場合には失業保険やその他、適当な失業対策を講ずる義務がある。もちろん、それは国に対して、職を与えるよう具体的請求権を有するものではない。請求を有するためには具体的な立法が必要となる。憲法は、私有財産制の原則を採用し、職業選択の自由が保障されているから、勤労せずに生活する、いわゆる不労所得による生活を禁止するものではない。また、勤労の義務があるからといって、国民に対し強制労働をさせることは許されない（第一八条）。したがって、勤労の義務は勤労の機会と能力がありながら、勤労の意思をもたない者には生活保護をしないということである。

三　納税の義務

第三〇条は、「国民は、法律の定めるところにより、納税の義務を負う」と定める。この納税の義務については、明治憲法第二一条にも、「日本臣民ハ法律ノ定ムル所ニ従ヒ納税ノ義務ヲ有ス」と定めていた。国家の財源は国民の納付する租税が基本をなしており、国政運営がされるために国民は納税の義務を負うのは当然である。納税とは、租税を納付することである。租税とは、国又は地方公共団体がその経費にあてるため、国民から一方的、強制的に徴収する金銭のことである。国家が国民に課税するには、法律によることが必要であり、これを租税法律主義という。したがって、固有の意味の「租税」に属するものといえなくても、公権力が一方的に強制賦課及びこれと事実上同視されるべきものについては、第八四条の適用があると解すべきである。厳密にはこのような租税には含まれないが、当然これと同様の取扱いをしなければならないものとして、次のようなものがある。

①地方税（厳格には租税に含まれないが、国民からみれば国税も地方税も公の負担であることには変わりないからである）、②特定の公益事業に特別の利害関係を有する者が、その経費の全部又は一部を負担させられる負担金、③手数料（手数料であっても、事実上、公権力による強制賦課の性質を有するものは、ここにいう租税と同様に扱われるべきである。例えば、営業許可に対する手数料、各種の検定手数料及び各種の司法上の手数料）、④国又は地方公共団体の独占に属する事業の料金等がそれである。いずれにせよ、新たに租税を設け、またはそれを変更する場合には、法律に基づかなければならないのである。

しかし、「法律」によるとする原則は、必ずしも法律によることを必要とせず、場合によって条約によって租税が定められても、これを否定するものではない。関税法は、条約中に関税について特別の規定がある場合には、その規定によると定めている（関税法第三条）。

（1）　**日産自動車事件**　企業の従業員に対し、就業規則で女性の定年を五五歳、男性を六〇歳と定めた場合に憲法第一四条及び民法第九〇条に違反しないかどうかが争われた事件である。これについて最高裁は、就業規則は女性であることのみを理由とする不合理な差別であり、民法第九〇条に違反して無効であるとした（最判昭和五六・三・二四民集三五巻二号三〇〇頁）。

（2）　その他、私立大学における学生の政治活動の自由が問題になった昭和女子大事件（最判昭和四九・七・一九民集二八巻五号七九〇頁）、職場内の政治活動の自由に関する事件（最判昭和五二・一二・一三民集三一巻七号九七四頁）等がある。

（3）　最高裁は、「憲法九三条二項は、我が国に在留する外国人に対して地方公共団体における選挙の権利を保障したものとはいえないが、憲法八章の地方自治に関する規程は、民主主義社会における地方自治の重要性を鑑み、住民の日常生活に密接な関連を有する公共的事務は、その地方の住民の意思に基づきその区域の地方公共団体が処理するという政治形態を憲法上の制度として保障しようとする趣旨に出でたるものと解せられ」として、「我が国に在留する外国人のうちでも永住者等であってその居住する区域の地方公共団体と特段に緊密な関係を持つに至ったと認められる者について、その意思を日常生活に密接な関連を有する地方公共団体の公共的事務の処理に反映させるべく、法律をもって、地方公共団体の長、その議会の議員等に対する選挙権を付与する措置を講ずることは、憲法上禁止されているのではないと解するのが相当である」、としている。

（4）　判決では、会社も「自然人たる国民と同様、国や政党の政策を支持、推進し又は反対するなどの政治的行為をなす自由を有する」、「政治資金の寄付もまさにその自由の一環であり、……これを自然人たる国民による寄付と別異に扱うべき憲法上の要請があるものではない」と判示した。法人にも自然人と同じく政治活動をする権利が保障されており、寄付行為も政治活動に含まれるとしたのである。

（5）　最高裁判所は、写真撮影と肖像権の関係について、「憲法一三条は『……』と規定しているのであって、これは、国民の私生活上の自由が、警察権等の国家権力の行使に対しても保護されるべきことを規定しているものということができる。そして、個人の私生活上の自由の一つとして、何人もその承諾なしに、みだりにその容ぼう・姿態（以下「容ぼう等」という。）を撮影されない自由を有するものというべきである。これを肖像権と称するかどうかは別として、少なくとも、警察官が正当な理由がないのに、個人の容ぼう等を撮影することは、憲法一三条の趣旨に反し、許されないものといわなければならない。しかしながら、個人の有する右自由も国家権力の行使から無制限に保護されるわけでもなく、公共の福祉のため必要ある場合には相当の制限を受けることは同条の規定に照らして明らかである」と判示している。
(6)　プライバシー権について、私事をみだりに公開されないという保障が、今日のマスコミュニケーションの発達した社会では個人の尊厳を保ち幸福の追求を保障するうえにおいて必要不可欠なものであるとみられるに至っていることを考え合わせるならば、その尊重はもはや単に倫理的に要請されるにとどまらず、不法な侵害に対しては法的救済が与えられるまでに高められた人格的な利益であると考えるのが正当であり、それはいわゆる人格権に包摂されるものであるけれども、なおこれを一つの権利と呼ぶことを妨げるものではないと考えるのが相当であるとしている（東京地判昭和三九・九・二八下民集一五巻九号二三一七頁）。
(7)　判例は、喫煙の自由も第一三条によって保障されていると解している（最大判昭和四四・一二・二四刑集二三巻一二号一六二五頁、最大判昭和四五・九・一六民集二四巻一〇号一四一〇頁）。
(8)　大阪地判昭和四九・二・二七判時七二九号三頁。
(9)　大阪高判昭和五〇・一一・二七判時七九七号三六頁。
(10)　大阪高判昭和三一・二・二七高刑特三巻二三四頁は、「憲法は単に法を不平等に適用することを禁ずるだけでなく、不平等な取り扱いを内容とする法の制定をも禁ずる趣旨と解すべきである」として立法者拘束説を採っている。
(11)　最判昭和四八・四・四刑集二七巻三号二六五頁、判時六九七号三頁、判タ二九一号一三五頁。
(12)　最高裁判所は、非嫡出子の相続分を嫡出子の相続分の二分の一とする民法の規定は、合理的根拠がなく、憲法第一四条第一項に違反し無効であるとの判断を示し、従来の判例を変更した（最判平成二五・九・四民集六七巻六号一三二〇頁）。
(13)　女性が結婚したならば、退職するという就業規則の結婚退職制は女子従業員のみの解雇理由であり、女子にとって結婚か在職かの選択を迫ることにより、精神的、経済的理由により結婚の自由を著しく侵害するもので、合理的理由なく制限することは民法第九〇条に反し無効である（最判昭和四八・四・四刑集二七巻三号、判時六九七号三頁、判タ二九一号一三五頁）。また、採用にあたり女子について、結婚や出産した場合は退職するという条件を定めることは、労働条件について男女を差別することになり公序良俗に反して無効である（東京地判昭和四一・一二・二〇労民集一七巻六号一四〇七頁）。
(14)　一九七九年の国連総会で採択した女子差別撤廃条約は、あらゆる分野における性別による差別を撤廃することを規定している。
(15)　最判平成二五・一一・二〇裁時一五九二号一頁。
(16)　最大判平成二一・九・三〇民集六三巻七号一五二〇頁。
(17)　宮澤俊義（芦部信喜補訂）・全訂日本国憲法、一九七九年、日本評論社、二七四頁。

(18) **君が代ピアノ伴奏拒否事件**　小学校の音楽教師が、入学式で君が代斉唱の、ピアノ伴奏をするよう校長に命じられ、その職務命令に従わなかったため、地方公務員法違反に問われ戒告処分を受けた。この職務命令が教諭の思想・良心の自由を侵害するものであるとして、処分取消しを求めたものである。最高裁は、ピアノ伴奏を求める職務命令が、必ずしも世界観・歴史観の強制を意味するものではなく、入学式において君が代の伴奏は、音楽教師にとって通常想定され期待されるものであって、それが特定思想を外部に表明する行為とは受け取られていないから、君が代伴奏の強制は特定思想の告白を強制するものではなく合憲であるとした（最判平成一九・二・二七民集六一巻一号二九一頁）。

(19) 名古屋高判昭和四六・五・一四行裁例集二二巻五号六八〇頁。

(20) 精神異常者の平癒を祈禱するために、宗教行為の一種としてなされた線香護摩による加持祈禱を行い、祈禱を開始して四時間後に、精神障害者の少女が心臓麻痺で死亡し、祈禱師が傷害致死罪で問われた事件である。最高裁判所は、被告人の本件行為が一種の宗教行為としてなされたものであったとしても、それが他人の生命、身体に危害を及ぼす違法な有形力の行使にあたるものであり、これにより被害者を死に至らしめたものである以上、それは第二〇条第一項の信教の自由の保障の限界を逸脱している、と判示した（最大判昭和三八・五・一五刑集一七巻四号三〇二頁）。

(21) 最高裁は、市が忠魂碑移転のために代替地を無償貸与し移転費用を負担することは、政教分離の原則に違反しないとした（最判平成五・二・一六民集四七巻三号一六八七頁）。

(22) **牧会活動事件**　神戸簡裁昭和五〇・二・二〇判時七六八号三頁、判タ三一八号二一九頁。

(23) **日曜日授業参観事件**　東京地裁昭和六一・三・二〇行集三七巻三号三四七頁、判時一一八五号六七頁、判タ五九二号一二二頁。

(24) 内閣総理大臣等の閣僚が私人としてではなく、閣僚として公式に参拝することは、最初、政府は統一見解として、「このような参拝は違憲ではないかとの疑いは否定できない」としてきたが、昭和六〇年八月の見解では、閣僚が閣僚としての資格で戦没者追悼を目的として、靖国神社の本殿や社頭において神道の拝礼とは異なる一礼の方式で参拝することは憲法第二〇条第三項の規定に違反の疑いはないとして、従来の政府見解を改めている。

(25) 猥褻文書とは、いかなるものを意味するかについて、チャタレイ事件の最高裁判決は、「徒らに性欲を興奮又は刺激せしめ、且つ普通人の正常な性的羞恥心を害し、善良な性的道徳観念に反するものをいう」としている。

(26) 地方公共団体で日本で最初に情報公開条例が制定されたのは、山形県の金山町である。

(27) 最高裁の放送局取材ビデオテープ差押事件判決では、ＴＢＳの取材ビデオテープ差押事件に際して、「公正な刑事裁判を実現するために不可欠である適正迅速な捜査の遂行という要請がある場合」にも取材の自由は制限を受けるとして捜査機関による放映済取材テープの押収・差押も認められると判示している（最判平成二・七・九刑集四四巻五号四二一頁）。

(28) **徳島市公安条例事件**　条例に定める「交通秩序を維持すること」という遵守事項は、第一審、第二審の判決で不明確と判断されたが、最高裁は通常の判断能力を有する一般人であれば、経験上、蛇行進、渦巻き行進……等の行為が、「殊更な交通秩序の阻害をもたらすような行為にあたる」ことは、「容易に想到することができる」から、秩序維持についての基準を読み取ることは不可能ではないと判断したためである（最大判昭和五〇・九・一〇刑集二九巻八号四八九頁）。

(29) 東京地判昭和四五・七・一七判時六〇四号二九頁、判タ二五一号九九頁。この判決で、憲法第二三条は、「学問研究の自由はもちろんのこと……学問的見解を教授する自由をも保障していると解するのが相当であり」、「下級教育機関における教師についても、基本的には、教育の自由の保障は否定されていないというべきである」、と解している。また、教科書検定が検閲にあたるか否かについて、教科書検定の「法的性格は事前の許可と解せられるのであるが」、「審査が思想内容に及ぶものでない限り、教科書検定は検閲に該当しないものというべきである」、とする。

(30) 名古屋地判昭和三六・八・一四判時二七六号、名古屋高判昭和四五・八・二五判時六〇九号七頁、最判昭和四八・四・二六判時七〇三号。

(31) 宮澤・前掲書二三三頁。

(32) 犯罪による処罰の場合は、その意思に反する苦役に服させることができる。罰金の不完納者を労役場に留置することを認めた刑法第一八条は、違憲ではないとする判例がある（最判昭和二四・一〇・五刑集三巻一〇号一三四六頁、最判昭和三三・五・六刑集一二巻七号一三五一頁）。

(33) 最大判昭和三七・一一・二八刑集一六巻一一号一五三九頁参照。

(34) 最判昭和二四・一一・三〇刑集三巻一一号一八五七頁。

(35) 判例として日本への上陸許可の証印を受けていない外国人が、上陸審査手続きのための待機場所と指定されたエアー・ターミナルホテルから、本邦内に外出することができない状況下に置かれていることは、身体の自由の制限すなわち拘禁にあたらない、としている（最決昭和四六・一・二五判時六一七頁）。

(36) 判例によれば、「憲法三五条は、捜索、押収については、その令状に、捜索する場所及び押収する物を明示することを要求しているにとどまり、その令状が正当な理由に基づいて発せられたことを明示することまでは要求していないものと解すべきである」、としている（最決昭和三三・七・二九刑集一二巻一二号二七七六頁）。

(37) 最大判昭和四七・一一・二二刑集二六巻九号五五四頁。
(38) 不当に長く抑留若しくは拘禁された後の自白に該当するとされた事例として、単純な事件で罪証隠滅あるいは逃亡のおそれもなく、被告人の弁解も一貫しているのに、一〇九日間拘禁した後にされた自白や（最判昭和二三・七・一九刑集二巻八号九四四頁）、被告人が病気であり、その上、六カ月一〇日の拘禁の後になされた自白（最判昭和二四・一一・二刑集三巻一一号一七三二頁）はいずれも証拠能力を否定している。
(39) 最高裁判所は、「共犯者は……被告人本人との関係においては、被告人以外の者であって、被害者その他の純然たる証人とその本質を異にする者ではないからである」、としている（最判昭和三三・五・二八刑集一二巻八号一七一八頁、最判昭和三三・七・一〇刑集一二巻一一号二四九二頁、最判昭和三五・五・二六刑集一四巻七号八九八頁）。
(40) 最判昭和二六・五・三〇刑集五巻六号一二〇五頁、最判昭和二六・一二・五刑集五巻一三号二四七一頁。
(41) 最判昭和二五・九・二七刑集四巻九号一八〇五頁、最判昭和二五・一一・八刑集四巻一一号二二一五頁。
(42) 最大判昭和三一・一二・二四刑集一〇巻一二号一六九二頁。
(43) 宮澤・前掲書三〇五頁。
(44) 元参議院議員の職にあった帆足計が一九五二年四月にモスクワ市で開催される国際経済会議出席のため、ソ連行きの旅券を申請したが、拒否されたため帆足計は旅券発給拒否処分が、憲法第二二条により保障される海外渡航の自由を侵害するものであると主張して、損害賠償並びに慰謝料を請求した。最高裁判所は、「旅券法一三条一項五号が『著しく且つ直接に日本国の利益又は公安を害する行為を行う虞があると認めるに足りる相当の理由がある者』と規定したのは、外国旅行の自由に対し、公共の福祉のために合理的制限を定めたものであるとみることができ、所論のごとく右規定が漠然たる基準を示す無効なものであるということはできない」とした。
(45) 最判平成四・一一・一六裁判集民一六六号五七五頁。
(46) 最大昭和四七・一一・二二刑集二六巻九号五八六頁は、距離制限による小売商業調整措置法に関するものである。最高裁判所は、同法の許可制限は小売市場の乱設に伴う小売商の過当競争から小売商を保護するための措置であり、かような社会経済政策は立法府の裁量に委ねられるものであり、同法の規制の目的、規制の手段・態様の諸点に照らし、著しく不合理であることが明白であるとは認められないとした。
(47) 最判平成元・一・二〇刑集四三巻一号一頁、最判平成元・三・七判時一三〇八号一一一頁の判決は、いずれも公衆浴場の距離制限を合憲としている。

(48)　最大昭和五〇・四・三〇民集二九巻四号五七二頁。

(49)　最判昭和三六・一二・二〇刑集一五巻一一号一八六四頁、最判昭和四六・四・二一民集二五巻三号三二一頁。

(50)　最大判昭和三八・六・二六刑集一七巻五号五二一頁。

(51)　正当な補償について、最高裁判例は、「憲法二九条三項にいうところの財産権を公共の用に供する場合の正当な補償とは、その当時の経済状態において成立することを考えられる価格に基づき、合理的に算出された相当な額をいうのであって、必ずしも常にかかる価格と一致することを要するものではない」。何故かといえば、「財産権の内容は、公共の福祉に適合するように法律で定められるのを本質とするから（憲法二九条二項）、公共の福祉を増進し又は維持するため必要ある場合は、財産権の使用収益又は処分の権利にある制限を受けることがあり、また財産権の価格についても特定の制限を受けることがあって、その自由な取引による価格の成立を認められないことがあるからである」、と判示している。

(52)　最大判昭和二八・一二・二三民集七巻一三号一五二三頁、判時一八号三頁は、農地改革事件判決で政府が、自創法により農地を買収する場合は、「所有者に対し、憲法二九条三項の正当な補償をしなければならない」とし、「財産権を公共の用に供する場合の正当な補償とは、その当時の経済状態において成立することを考えられる価格に基づき、合理的に算出された相当な額をいうのであって、必ずしも常にかかる価格と完全に一致することを要するものではない」としている。

(53)　東京地判昭和三二・一・三一行裁例集八巻一号一三三頁によれば、請願は、これを受理した官公署に対し特別の法律上の拘束を課するものではないとする。

(54)　最判昭和四五・八・二〇民集二四巻九号一二六八頁の判決では、瑕疵とは、「営造物が通常有すべき安全性を欠いていること」であるとし、国や地方公共団体の無過失責任をいう。

(55)　最判昭和二四・三・二三刑集三巻三号三五二頁は、訴訟法で定める管轄権を有する具体的裁判所において、裁判を受ける権利を保障したものではないとする。

(56)　最判昭和二六・八・一民集五巻九号四八九頁。

(57)　最判昭和二七・一二・二四民集六巻一一号一二一四頁。

(58)　東京地判昭和三五・一〇・一九行裁例集一一巻一〇号二九二一頁。

(59)　東京高判昭和三八・一一・四行裁例集一四巻一一号一九六三頁。

(60)　最判昭和四二・五・二四民集二一巻五号一〇四三頁。

(61)　神戸地判昭和四七・九・二〇行裁例集二三巻八＝九号七一一頁。

(62)　大阪高判昭和五〇・一一・一〇行裁例集二六巻一〇＝一一号一二六八頁。
(63)　最大判昭和五七・七・七民集三六巻七号一二三五頁。
(64)　最大判昭和五一・五・二一刑集三〇巻五号六一五頁。
(65)　最判昭和四一・一〇・二六刑集二〇巻八号九〇一・九〇六頁によれば、「労働基本権は、たんに私企業の労働者だけについて保障されるのではなく、公共企業体の職員はもとよりのこと、国家公務員や地方公務員も、憲法二八条にいう勤労者にほかならない以上、原則的には、その保障を受けるべきものと解される」とする。
(66)　東京地判昭和三七・五・三〇判時三〇三号一四頁。
(67)　東京高判昭和三八・一一・二七判時三六三号四八頁。

第六章　国　　会

第一節　国会の地位

議会制度の沿革を見ると中世ヨーロッパの等族会議にその源を発し、イギリスにおいて発展しその後、一八世紀から一九世紀にかけて立憲主義の発達に伴い、世界各地で採用されていった。わが国の明治憲法も帝国議会を設置して、立憲制の仲間入りをした。すなわち、議会、政府及び裁判所にそれぞれ立法・行政・司法の三権を分属させ、権力分立主義を採用したのである。しかし、その制度は必ずしも十分なものではなかった。明治憲法では、天皇は、帝国議会の協賛をもって立法権を行っており、帝国議会は天皇の立法権を翼賛する機関にすぎなかった。その帝国議会は、貴族院及び衆議院の二院で構成していた。貴族院は、公選議員ではなく皇族・華族及び勅任された議員で組織され、民主主義の実現には程遠いものであった。これに対し、現行憲法の国会は、国民主権の原理を基礎に全国民を代表する選挙された議員で衆議院及び参議院の二院制で構成している。この点は明治憲法と同じである。つまり、代表民主制を採用しているのである。しかし、立法権を国会に行政権を内閣に司法権を裁判所に分属配置して、完全な三権分立主義を貫き、権力分立体制の強化と独立を図っている。

一　国民の代表機関

国会は国民の代表機関である。すなわち、主権者である国民も　憲法によって特に規定されている場合、例えば憲法改正の国民投票（第九六条第一項）、最高裁判所裁判官の国民審査（第七九条第二項）、地方自治特別法の住民投票（第九五条）の他は、直接に主権を行使することはない。憲法前文にも、「日本国民は、正当に選挙された国会における代表者を通じて行動し」とあり、第四三条には、「両議院は、全国民を代表する選挙された議員でこれを組織する」と規定し、国民代表の観念を表している。議会の意思が、そのまま国民の意思とみなされるという法的効果を伴うものではなく、議会を構成する議員は、選挙人、地域民、党派といった国民の一部を代表する者ではなく、全国民の代表者として行動すべきである。しかも議員は独立した地位をもち、何人にも命令をされることなく、全国民の代表として活動するのである。この意味から代表は代理と異なるのである。この代表と選挙人との関係については、憲法上、いろいろな考え方がある。第一は、各代表者は各自の思うままに自由に活動できず、選挙人の意思に拘束されるという命令的委任である。第二は、代表者は選挙人の意思に全く拘束されることなく、自由に活動できるという自由委任である。第三は、自由委任を前提としながら、選挙や解散という方法を通じて、代表者が選挙人の意思を忠実に反映できるように要求するものであるとする半代表である。第四は、国民投票又はリコール制度を通して、代表者は選挙人の意思に拘束されるとする半直接制である。国会議員が主権者である国民によって、直接選挙によって選ばれ、国民のために自由に活動することを保障したものであると解するならば、半代表と考えるべきである。

二　国権の最高機関

国会は国権の最高機関である（第四一条）。国会が、国権の最高機関であるからといって、明治憲法下の天皇のように統治権の総攬者を意味するものではなく、また国会が、国家の統治組織の中で最高の地位を占める機関というわけでもない。憲法は、立法権を国会に行政権を内閣に、そして司法権を裁判所に帰属させて、三権相互の抑制均衡を図り、内閣に衆議院の解散権を与え、裁判所に国会が制定した法が憲法に適合するかどうかの違憲法令審査権を認めている。以上のことから国会が、内閣、裁判所に対して上下関係につき優位に立つことにはならない。最高機関の意味は、国会が主権者である国民を直接代表する機関である、ということを重視した政治的美称であり、法的意味を有しないとする「政治的美称説[1]」が通説である。国会が「国権の最高機関」であるということはいかなる意味なのであろうか。それは、第一に明治憲法において、天皇が統治権の総攬者として立法、行政、司法の三権を総括し最高機関であったが、このような天皇主権を否定するという意味をもっている。第二に、国会は、国民主権主義のもとで、主権者たる国民に選任され国民の意思を直接代表するものであり、国政全般にわたって中心的役割を果たし、他の国家機関に比べて重要な機関たる地位にあるからであろう。

三　唯一の立法機関

国会は唯一の立法機関である。立法という語は、形式的意味の法律と実質的意味の法律に区別される。形式的意味の法律とは、国会の議決によって成立する成文法のことをいい、実質的意味の法律とは、国民の権利義務に関する一般的・抽象的法規範をいう。ここにいう立法とは、実質的意味の立法をいうのである。国会が、「唯一の立法機関」であるというのは、二つの意味があり、第一は、国の立法作用は国会に限り、国会以外の機関には認めないという意味である。これを「国会中心立法の原則」という。しかし、この原則に対し、憲法は次のような例外を定めている。①両議院の規則制定権：「両議院は、各々その会議その他の手続及び内部の規律に関する規則を定め」ることができる（第五八条第二項）。②内閣の政令制定権：内閣は、憲法及び法律の規定を実施するために政令を制定する（第七三条第六号）。③最高裁判所の規則制定権：「最高裁判所は、訴訟に関する手続、弁護士、裁判所の内部規律及び司法事務処理に関する事項について、規則を定める権限を有する」（第七七条第一項）。④地方公共団体の条例制定権：地方公共団体は、法律の範囲内で条例を制定することができる（第九四条）等である。

第二に、法律は、他の機関の関与なく国会の議決のみによって成立するという意味である。これを「国会単独立法の原則」という。明治憲法では、法律の成立は帝国議会の協賛と天皇の裁可が必要であったが、現行憲法では、法律案は両議院で可決したときに法律となるのが原則である（第五九条第一項）。しかし、この原則に対して憲法は例外を設けている。①内閣に法律案の提出権を認め（第七二条、内閣法第五条参照）、②憲法改正には、国会の議決の他に特別の国民投票又は国会の定める選挙の際行われる投票において、過半数の賛成を必要とする（第九六条）。③一の地方公共団体のみに適用される特別法は、国会の議決の他にその地方公共団体の住民投票において、その過半数の同意を得なければならない（第九五条）。④条約は、国会の承認を経て、内閣が締結することになっている（第七三条第三号）。

第二節　国会の構成

一　両　院　制

世界の各国の実例をみても近代立憲諸国の大部分が二院制を採用している。これは議会制の母国であるイギリスにおいて両院制が行われていた影響を受けたのであろう。しかし、その形態と理由は国によってそれぞれ異なっている。二院制を採る場合、各国に共通していることは、一つの院は民選の議員によって組織されるが、他の一院はいろいろな形態があるのが実状である。一九世紀のヨーロッパの君主国における二院制度は、公選議員による民主的勢力の台頭を押さえるために、貴族の代表である上院によって、庶民の代表である下院の勢力を抑制するための政治的考えから誕生したものであり貴族院型と呼ばれる。わが明治憲法における帝国議会の貴族院はこの色合いが強いといえる。

一方、アメリカ合衆国のように連邦国家における二院制度は、連邦という特別の国家形態を議会に反映させる連邦の代表である下院の他に、連邦を構成する支邦の代表である上院を設けて生まれたものであり連邦型である。このように君主国や連邦国においては、二院制を設ける理由が存在するのである。また、民主的単一国において、二院制を採用する場合には、貴族院型や連邦型とは異なる理由がなければならない。民主主義の単一国家である議会が、国民の意思を正しく反映し、多数党の横暴を抑制して、議事を慎重にするためには第二院の存在が必要になる。また、第一院が解散等の理由でその構成員を失い、一院として活動能力がなくなれば、その補充的役割をなす第二院の存在が必要になる。このような理由から参議院が第二次的な第二院的存在となる。

二　両議院の組織

日本国憲法は、「国会は、衆議院及び参議院の両議院でこれを構成する」（第四二条）と定めて、両院制を採用している。また、第四三条第一項は、「両議院は、全国民を代表する選挙された議員でこれを組織する」と定める。これは、議員は全国民を代表するものであって、選挙区の選挙人、特定の階級、政党、党派といった一部の代表者ではなく、しかも独立して全国民のために、行動しなければならないということである。

(1)　議員の任期

衆議院の任期は四年であり、衆議院が解散の場合には、その期間満了前に終了する（第四五条）。これに対して、参議院議員の任期は六年で、三年ごとに議員の半数が改選される（第四六条）。衆議院のように解散による終了はなく、任期が長いのは参議院議員に身分を永続的に安定させて、第二院として抑制と補充的機能を発揮させるためである。

(2)　議員の定数

「両議院の議員の定数は、法律でこれを定める」（第四三条第二項）。議員の定数は、公職選挙法によって定められている。それによると、衆議院議員の定数は四六五人とし、そのうち二八九人を小選挙区選出議員、一七六人を比例代表選出議員とする（公選法第四条第一項）。参議院議員の定数は、二四八人とし、そのうち一〇〇人を比例代表選出議員、一四八人を選挙区選出議員とする（同第四条第二項）。

(3) 議員の資格

両議院の議員の資格は法律で定めている（第四四条本文）。被選挙権の年齢について、公職選挙法は、衆議院議員については満二五年以上、参議院議員については満三〇年以上と定めている（公選法第一〇条）。

(4) 両議院議員の兼職禁止

「何人も、同時に両議院の議員たることはできない」（第四八条）と定め、両議院の議員を兼ねることを禁止している。これは両院制を採用する以上、当然のことである。「同時に両議院の議員たることはできない」とは、同一人が同時に両議院の議員たる地位を兼ね備えることを禁じる趣旨である。国会法は「各議院の議員が、他の議院の議員となったときは、退職者となる」（国会法第一〇八条、公職選挙法第八九条・第九〇条参照）と規定し、一時的でも同時に両議院の議員になることを禁止している。

三　両議院の関係

両議院は、全国民を代表する選挙された議員でこれを組織する。すなわち、衆議院と参議院をもって国会を構成しているが、いずれも独立な国家機関であり、両議院は一般的に同時に召集し開会・閉会するものである。これを「同時活動の原則」という。衆議院が解散されると参議院は同時に閉会となる（第五四条第二項）。国に緊急の必要がある場合の参議院の緊急集会が開かれるが、それは例外である。また、両議院は、それぞれ独立に議事を開き議決をする。これを「独立活動の原則」という。両議院の意思が合致したときに国会の意思が成立する。しかし、両議院の意思が合致しない場合もあり、その場合の両者の妥協案の成立を図るための制度として「両院協議会」がある（第五九条第三項）。両院協議会は各議院において選挙された各々一〇人の委員で組織する（国会法第八九条）。両院協議会は、各議院の協議委員の各々三分の二以上の出席がなければ、議事を開き議決することができない（同第九一条）。両院協議会では、協議案が出席議員の三分の二以上の多数で議決されたときに成案となる（同第九二条第一項）。両院協議会は、予算の議決、条約の承認及び内閣総理大臣の指名に際し、両議院の意見が一致しない場合に、憲法上必ず開かなければならないことになっている（同第六〇条・第六一条・第六七条）。これを「必要的両院協議会」という。また、法律案の議決で衆議院が開くことを要求した場合、または参議院がそれに同意した場合も開かれる。これを「任意的両院協議会」という。それ以外に国会の議決を要する案件につき、後議の議院が先議の議院の議決に同意しないために、先議の議院が要求した場合に開かれる。この他、両議院の常任委員会の合同審査会（同第四四条）や、一院の議案の発議者、委員長が他の議院に出席して提案理由を説明すること（同第六〇条）などが、独立活動の原則の例外である。

四　衆議院の優越

両院制を採る国会は、衆議院と参議院の意思が合致した場合に国会の意思が成立する。意思決定にあたっては、両院は対等に独立の関係にある。しかし、両議院の意思が合致しない場合には、国政の円滑な運営に支障をきたすことになる。そこで、これを防止するために憲法は、一定の要件のもとに衆議院の優越を認め、衆議院の議決のみで国会の議決があったものとし、衆議院の権能を強化している。これが衆議院の優越権である。憲法が衆議院の優越権を認めているのは次の場合である。

(1) 法律案の議決

法律案は両議院で可決したとき、法律となるのが原則である（第五九条第一項）。衆議院で可決し、参議院でこれと異なった議決をした法律案は、衆議院で出席議員の三分の二以上の多数で再び可決したときは、法律となる（第五九条第二項）。また、参議院が、衆議院の可決した法律案を受け取った後、国会休会中の期間を除いて六〇日以内に議決しないときは、衆議院は参議院がその法律案を否決したものとみなすことができ（第五九条第四項）、衆議院で三分の二以上の賛成で、再可決すれば法律は成立する。

(2) 予算の議決

「予算は、さきに衆議院に提出しなければならない」（第六〇条第一項）。予算について参議院で衆議院と異なった議決をした場合に、法律の定めるところにより、両院協議会を開いても意見が一致しないとき、または参議院が衆議院の可決した予算を受け取った後、国会休会中の期間を除いて三〇日以内に議決しないときは、衆議院の議決を国会の議決とする(2)（第六〇条第二項）、と定めて、衆議院の優越の原則を明らかにしている。

(3) 条約の承認の議決

条約の締結は、事前に、時宜によっては事後に、国会の承認を経ることを必要とするが（第七三条第三号）、条約の締結に必要な国会の承認については、予算の議決に関する第六〇条第二項の規定が準用される（第六一条）。この国会の承認が得られなかった条約の効力について問題となる。事前に国会の承認が得られなかった場合には、条約の締結は不可能となり不成立となる。しかし、事後に国会の承認が得られない場合には、学説が分かれる。

第一説は、条約の効力は、署名又は批准で確定するから条約の締結後に、国会に付議された場合には、国会の承認は、その条約の効力に何ら関係がないとする。もし、承認が拒否されても、内閣の政治責任の問題は生ずるが、すでに署名又は批准することは可能であり、その場合に国会の承認がなければ、署名又は批准の効力はなくなり、この場合は本来の事後の承認の場合に該当しないとする。

第二説は、条約の締結は、常に国会の承認を経て効力が生じる。事前に国会に付議された場合に、国会の承認を得られないと、内閣がその条約を署名批准することができない。そうであれば、事後に国会の承認を得られない場合も、その署名又は批准は効力を失うことになる。国会の承認が事前か事後かによって、その有する意味に差異を設けるのは妥当ではない。憲法の規定から内閣は、国会の承認によってのみ条約を締結できるのであり、内閣締結の条約は、常に憲法上、国会の承認という条件の下になされているから、事後に国会の承認を求めた場合に、その承認が得られなければ、先になされた署名又は批准は効力を失うとする。しかし、第二説のように解すると、署名、批准の後において国会の承認が得られないときは、先にされた署名又は批准の効力を失うことになり、相手国に多大な迷惑を及ぼすことになる、とする批判がある。これに対し、今日の国際社会では、条約締結に関する規定は、相手国が充分知っているところであり、内閣によってなされる署名又は批准は、憲法で国会の承認が、法定条件となっているのは客観的に明白である。たとえ事後に国会の承認を求めた場合に、それを得られなければ、先に内閣によってなされた署名又は批准が効力を失うことは、当然、相手国も予想しておかなければならないことであるとされる。(3)

(4) 内閣総理大臣の指名の議決

内閣総理大臣は国会議員の中から国会の議決で指名されるが（第六七条第一項）、両議院で異なった指名の議決をした場合には、法律の定めるところにより両議院の協議会を開いても意見が一致しないとき、または衆議院が指名の議決をした後、国会休会中の期間を除いて一〇日以内に参議院が指名の議決をしないときは、衆議院の議決を国会の議決とする（第六七条第二項）と定めている。

（5）法律で衆議院の優越を認めている場合

憲法で認めている衆議院の優越以外で法律では次の場合を認めている。国会の臨時会及び特別会の会期の決定及び常会、臨時会、特別会の会期の延長は両議院の一致の議決でこれを定める（国会法第一一条・第一二条）。

しかし、両議院の議決が一致しないとき、または参議院が議決しないときは、衆議院の議決したところによる（同第一三条）。この他、会計検査院検査官の任命の同意につき衆議院の優越を認めている（会計検査院法第四条第二項）。以上が衆議院と参議院の議決が一致しない場合に、衆議院の優越を認めているが、憲法はそれ以外に、次の場合にも衆議院の優越を認めている。

（6）不信任決議権

衆議院のみが内閣に対する信任・不信任の決議権を有する（第六九条）。不信任決議権を衆議院に限り認め、参議院に対して認めないのは、憲法上、衆議院が国会の重要な地位にあり、参議院に対しても種々の優越性を認めているからだといわれる。

「内閣不信任の決議」は、内閣を信任しないという明確な意思が表示されなければならない。内閣の総辞職、あるいは責任追及等の言葉が使用されている場合には、内閣不信任の意思が表明されているものと考えられる。

（7）予算先議権

予算は先に衆議院に提出されなければならない（第六〇条第一項）。予算は先に衆議院に提出し、衆議院で可決されてから参議院に送付される、ということである。この予算先議権は、明治憲法でも規定されていた（明憲第六五条）。

第三節　両議院の議員

一　議員の身分の得喪

国会議員は国民の代表者であるが、その身分を取得するのは、選挙において有効投票の最多数を得た者が、その当選を承諾することによって取得する。憲法はすべての国会議員を公選によるものとしている（第四三条）。また、国会議員は次のような事由により身分を失い退任する。

（1）議員の任期が満了したとき

衆議院議員の任期は四年で、参議院議員の任期は六年であって（第四五条・第四六条）、その任期が満了することにより当然議員たる身分を失う。

（2）解　散

衆議院議員を、解散により任期満了前に議員全員の身分を失わせる行為である。

（3）資格争訟の裁判

両議院は各々その議員の資格に関する争訟を裁判する（第五五条本文）。出席議員の三分の二以上の多数により資格がないと議決された場合には、議員はその身分を失う（第五五条但書）。

（4）議員が他の議院の議員となったとき

議員が法律の定めた被選資格を失ったときには退職者となる（国会法第一〇八条・第一〇九条）。

(5) 辞　職

議員はその所属する議院の許可を得て辞職することができる（国会法第一〇七条）。

(6) 選挙に関する争訟

議員の選挙又は当選無効の判決があった場合（公選法第二〇四条以下）、及び当選人又は選挙運動総括主宰者が一定の選挙犯罪によって刑に処せられたときは、当選は無効となり議員は退任することになる（同第二五一条・第二五二条の二）。

二　国会議員の特権

国会議員が全国民の代表者として、他から何ら干渉を受けることなく、自由に独立してその職務活動が行えるように、憲法は次のような特権を与えている。

(1) 不逮捕特権

憲法は、「両議院の議員は、法律の定める場合を除いては、国会の会期中逮捕されず、会期前に逮捕された議員は、その議院の要求があれば、会期中これを釈放しなければならない」と定める（第五〇条）。不逮捕特権が認められるのは、「会期中」に限り、会期の終了によりこの特権は消滅する。また、参議院の緊急集会開催中における適用の有無であるが、緊急集会は国会の権能を代行するものであり、会期中に準じて認められるものと解すべきである。議員に不逮捕特権を認めた趣旨は、議員の身体の自由を保障し政府の権力によって、職務の遂行が妨害されるのを防ぐためである。つまり、政府・検察当局の権力の濫用を防止し、政治目的をもった不法逮捕をなくすのがこの制度の目的である。

この不逮捕特権については、法律によって例外を認めている。一つは「院外における現行犯罪」であり、もう一つは「院の許諾がある場合」の二つである。

(1)　**院外における現行犯罪**　本条の趣旨を受けて、国会法第三三条は、「各議院の議員は、院外における現行犯罪の場合を除いては、会期中その院の許諾がなければ、逮捕されない」と定める。現行犯罪の場合には、犯罪事実が明白であり、不当な逮捕が行われるおそれがないからである。院外における現行犯の場合には、このような保障を有するが、院内の現行犯の場合には、この限りではない。議院内部に現行犯人がいるときは、議長の命令により衛視又は警察官が、その議員を逮捕する（衆議院規則第二一〇条、参議院規則第二一九条）。院内の現行犯については、院外の機関に任せずに、議院の自主的な判断に基づく自律性を尊重するためである。

(2)　**その院の許諾がある場合**　議員の逮捕について許諾請求をするには、内閣は、所轄裁判所又は裁判官が令状を発する前に、内閣へ提出した要求書の受理後、速やかにその要求書の写しを添えて、これを求めなければならない（国会法第三四条）。請求を受けた議院は、その逮捕請求が正当かどうかを判断し、許諾か否かを決定しなければならない。この許諾について、逮捕理由が正当であるときは、議院は許諾をしなければならないか、それとも、正当な理由があっても、国会の審議や運営に支障をきたす場合には拒否できるか、といった問題がある。これに対して、明確な許諾の決定基準は存在しないが、正当な逮捕の理由があっても、逮捕されることにより、その議員の国会活動に重大な影響を及ぼすことを理由に、許諾を与えないことができると解すべきである。

次に、この許諾を与えることにつき、条件や期限を附することができるか、どうかといった問題がある。条件や期限を附することはできないと解する。何故なら、議院は逮捕の許諾を与えるや否やの判断をするにとどまり、条件、期限を附することは、刑事訴訟法に基づき裁判所の権限と考える。判例は、議院が議員の逮捕を許諾する場合は、その逮捕に正当性のあることを承認するものであるから、「逮捕を許諾しながらその期限を制限するが如きは、逮捕許諾権の本質を無視した不法な措置と謂わなければならない」と判示した（東京地判昭和二九・三・六判時二二号三頁）。また、一旦、許諾を与えた以上は、その会期中は許諾を取り消すことができない、というのが有力説である。この不逮捕特権の保障は、国会の会期中に認められるものであるが、参議院の緊急集会中も認められる。

（2） 免責特権

「両議院の議員は、議院で行つた演説、討論又は表決について、院外で責任を問はれない」（第五一条）と定める。いわゆる免責特権である。これは、国民の代表である議員が発言、表決の自由が保障されなければ、国会議員としてその職務を充分に発揮することができないことになる。そこで、議員の言論の自由を保障し、その職務行為を行うにあたって制約を受けないようにしたものである。

①免責特権を受けるのは両議院の議員である。したがって、政府委員、公述人、参考人等にはこの免責特権はない[4]。問題は内閣総理大臣を含む国務大臣に認められるか否かであるが、第五一条は議員と規定しているから、国務大臣の発言には免責特権は認められないと解する。但し、国務大臣が議員としての資格で発言したときには、免責されることはいうまでもない。

②免責を受ける行為は、議院で行った演説、討論又は表決である。ここでいう「議院で行った」というのは、議院の活動として議員が議員として職務上、行ったものであり本会議、委員会における発言である。しかし、必ずしも議事堂内部における行為に限られず、議事堂外における行為でも、右のような趣旨で行った場合も含まれる。議事堂内であっても議員の職務と無関係な発言や私語は本条の対象にはならない。参議院の緊急集会における参議院

議員の発言も議員として職務上なされたものであれば免責特権の対象となる。

③免責される院外の責任とは、一般国民が負わされる法律上の責任である。すなわち、刑事責任、民事責任、懲戒責任であり、それ以外の政治的・倫理的責任は問われる。

例えば、議員が議院で行った発言が、名誉棄損罪や民事上の損害賠償責任は問われないということである。また、公務員たる国会議員については、公務員としての懲戒責任も院外で責任を問われない。本条は、一般通常人が、当然負わなければならない法的責任を議員に対して免除し、議員の国会における職務活動が、円滑にいくように言論の自由を保障したものである。この免責特権は、院外で認められるものであり、院内においては責任を問われる。

議員が議院において無礼の言を用い、または他人の私生活にわたる言論をしてはならない（国会法第一一九条）。議院の会議又は委員会において、侮辱を被った議員はこれを議院に訴えて処分を求めることができる（同第一二〇条）。各議院において懲罰事犯があるときは、議長は、まずこれを懲罰委員会に付し審査させ、議院の議を経てこれを宣告する（同第一二一条）。

（3）歳費を受ける権利

「両議院の議員は、法律の定めるところにより、国庫から相当額の歳費を受ける」（第四九条）と定める。この憲法の規定を受けて、国会法は議員の歳費について、「一般職の国家公務員の最高の給与額より少なくない歳費を受ける」（国会法第三五条）と定め、議員としての地位や充分な議員活動ができるように、配慮した報酬を与えることにしている。別に旅費、期末手当、通信費、退職金、議会雑費等が支給される。

第四節　国会の活動

一　会　　期

国会は常に開かれているわけではない。一定の限られた期間だけ活動できるのである。国会が活動能力をもつ期間を会期という。国会は召集によって開会し、会期が終了すれば閉会となる。会期中に議決に至らなかった案件は、原則として後の会議に継続しない（国会法第六八条）。これを「会期不継続の原則」という。しかし、常任委員会、特別委員会は、各議院の議決で特に付託された案件は閉会中でもこれを継続して審議できる（同第四七条第二項）。また、一度議決した案件については、同一会期中は再びこれを審議しないことになっている。これが「一事不再議の原則」である。明治憲法では、「両議院ノ一ニ於テ否決シタル法律案ハ同会期中ニ於テ再ヒ提出スルコトヲ得ス」（明憲第三九条）と規定されていたが、日本国憲法にはそのような規定はない。

二　会期の種類

国会は、その召集の原因によって次の三種に区別される。

(1) 常　会

俗に、通常国会という。常会は毎年一回定期に召集される（第五二条）。一月中に召集されるのが常例とし、常会の会期は一五〇日間とする。但し、会期中に議員の任期が満了に達するときは、満了の日をもって会期は終了するものとする（国会法第二条・第一〇条）。

(2) 臨時会

臨時の必要に応じ召集される国会である（第五三条）。内閣は、国会の臨時会の召集を決定することができる。また、いずれかの議院の総議員の四分の一以上の要求があれば、内閣はその召集を決定しなければならない（第五三条）。臨時会の会期は両議院一致の議決で決める（国会法第一一条）。両議院の議決が一致しないとき、または参議院が議決しないときは、衆議院の議決したところによる（同第一三条）。

(3) 特別会

特別会は衆議院の解散により総選挙が行われた後、召集される国会のことである。衆議院が解散されたときは、解散の日から四〇日以内に衆議院の総選挙を行い、その選挙の日から三〇日以内に国会を召集しなければならない（第五四条第一項）。特別会は、常会と併せて召集することができる（国会法第二条の二）。特別会の会期の決定、及びその延長については臨時会と同様である。

三　召　集

国会の会期は、召集によって開始される。召集とは、国会の会期を開始させ各議員に対して、一定の期日に特定の場所に集めることをいう。これによって、国会の会期が開始される。したがって、議員が召集もなく勝手に集合しても、国会の活動ではない。召集は、常会・臨時会・特別会のいずれも天皇が、内閣の助言と承認によってこれを行う（第七条第二号）。但し、臨時会においては前述したように、いずれかの議院の総議員の四分の一以上の要求があれば、内閣は、臨時会の召集を決定しなければならず、この場合には内閣が決定した後、その助言と承認によって天皇が召集する。内閣は、四分の一以上の要件を満たした要求があると、召集を決定しなければならないから、召集を決定すべき法的義務を負うことになる。

四　休会と閉会

国会又は各議院が自らの意思によって、会期中一時その活動を休止することを休会という。休会には国会の休会と各議院の休会の二種類がある。国会の休会は、両議院一致の議決が必要である（国会法第一五条第一項）。各議院の休会はその議決によって行う。但し、一〇日以内であることを要する（同第一五条第四項）。国会会期中、各議院は議長が緊急の必要を認めたとき、または総議員の四分の一以上の議員から要求があったときは、他の議院の議長と協議の上、会議を開くことができる（同第一五条第二項）。国会の会期の終了によって国会は閉会となる。会期中に衆議院が解散されたときは、参議院は同時に閉会となる（第五四条第二項）。

五　衆議院の解散

衆議院の解散とは、衆議院議員の任期満了前に、その議員全員に対して議員たる身分を失わせることである。解散は、行政部と立法部との間に意見が対立し、その間に折り合いがつかない場合、あるいは国の重大な事柄について、総選挙によって国民に訴え審判を求めるのである。解散が、衆議院だけに認められることは、憲法の規定からも明らかである。この解散が、「他律的解散」なのか、衆議院自身が自らの議決によって解散できる「自律的解散」なのかという問題もある。わが憲法は、衆議院以外の機関の行為に基づく解散のみに限られるとする「他律的解散」と解している。それは、第五四条及び第六九条に衆議院が「解散され」、という文言が受け身の規定で、表現されていることからも推測できる。

次に、解散権の主体は誰であるか、解散が行われる場合はどのようなときか、について明確な定めはない。そこで、衆議院の解散は、第六九条の場合に限定されるか、それとも、それ以外の場合も可能であるかについて、学説は三説に分かれる。

(1) **七条説**　憲法第七条に規定されている国事行為は、内閣の助言と承認に基づき天皇が形式的・儀礼的に行うものである。つまり国事行為は、内閣が実質的に決定した解散を天皇が形式的に外部に宣示する行為である。七条説は、憲法第七条の内閣の助言と承認の規定を根拠に衆議院の解散の実質的解散権を内閣に有する、とするのである。

(2) **六九条説**　憲法第三条及び第七条によると、天皇の「国事に関する行為」という前提概念があり、それに内閣の助言と承認が必要であり、形式的権能の行使に内閣の助言と承認を必要とし、助言承認者としての内閣は、助言承認者であるから実質的決定権をもつものではない。第七条をこのように解する限り、内閣に解散権があることを推定しうるのは、第六九条の場合のみとなり、内閣が解散権を決定しうるのは、この場合に限定されるとする。[5]

(3) **制度説**　制度説としては、①憲法上、衆議院が自ら解散する自律的解散は認められず、他律的解散のみが認められ、天皇にも解散決定権がないとすれば、残るは内閣だけである。②憲法は、権力分立主義を採用して行政権を内閣に属せしめ、解散の決定権が憲法第六五条の行政権に含まれるかどうかは別として、解散の決定を内閣の管轄する行政作用に属せしめていると解せられる。また、③憲法は、議院内閣制を採用して、内閣の国会に対する責任を明確にし、衆議院の内閣不信任決議権を認め、この対抗手段として権力分立の立場から内閣の解散決定権が認められると解される。④次に、憲法第六九条に、「衆議院が解散されない限り」と規定しているのは、「衆議院の解散を決定しない限り」という意味に解すべきで、この規定から内閣の解散決定権を認める有力な理由と解される。以上、内閣に解散決定権が有するとする根拠として、議院内閣制の意味及び内閣に行政権が帰属していること、並びに憲法第六九条の規定から理由付ける制度説が妥当である。

それでは解散が行われる場合はどのような場合であろうか。解散が行われる場合については、憲法には明文の規定はない。憲法第六九条には、「内閣は、衆議院で不信任の決議案を可決し、又は信任の決議案を否決したときは、十日以内に衆議院が解散されない限り、総辞職しなければならない」と規定する。これは、内閣が総辞職を選択しない場合は、解散を決定しなければならないのである。問題は解散がこの場合に限定されるかどうかである。第六九条は、内閣の総辞職に関する規定であり、それに関連して解散が行われる場合を予想したものと思われる。したがって、この規定から解散がこの場合に限定されると解することはできない。行政府と立法部が対立して、妥協の余地が見いだせない場合に、最終的に期待されるのは主権者である国民である。さらに、衆議院が民意を反映しているかどうか疑わしいとき、国の重大な事項について国民の意思を問う場合にも、解散が行われると解する。そうすると、解散は第六九条の場合に限定されないと解することになる。(6)

六　参議院の緊急集会

衆議院が解散されたときは、参議院は同時に閉会となる（第五四条第二項）。衆議院が解散され、総選挙が行われ新たに衆議院が成立しないうちに、国に緊急の事態が生じた場合に、国会を召集することは不可能である。明治憲法下では緊急命令や緊急財政処分といった行政部で対処することができたが、日本国憲法は、このような途は認めていない。そこで、「内閣は、国に緊急の必要があるときは、参議院の緊急集会を求めることができる」（第五四条第二項但書）と定め、参議院のみで国会の権能を代行できる制度を採用した。

緊急集会の要件は、「国に緊急の必要があるとき」である。この「国に緊急の必要があるとき」とは、国会の議決を要する事項について、総選挙後の特別会の召集を待つことのできないほど、差し迫った緊急の必要がある場合をいう。例えば、法律の制定や予算の改定はもちろん含まれるが、その他、わが国が他国の侵略を受けて、わが国を防衛するため内閣総理大臣が、自衛隊の防衛出動を命ずるときは、国会の事前又は事後の承認を必要とする（自衛隊法第七六条）が、この場合も、衆議院が解散されていれば、これに該当するといえる。

緊急集会を求める権限は、内閣のみに属し議員にはない。緊急集会を求めるのは、国会の召集と異なるから、天皇の国事行為ではなく、天皇が関与することはない。内閣が参議院の緊急集会を求めるには、内閣総理大臣から集会の期日を定め、案件を示して参議院議長にこれを請求する。請求に応じ参議院議長は各議員に通知し、議員は指定の期日に参議院に集会しなければならない（国会法第九九条）。緊急集会には会期の定めはなく、緊急の案件がすべて議決されたときに終了する（同第一〇二条の二）。

この緊急集会で採られた措置は臨時のものであって、暫定的な効力しかなく次の国会開会の後一〇日以内に衆議院に提出し、衆議院の同意を求めなければならない。同意がない場合にはその効力を失う（第五四条第三項）。効力を失うとは遡及的に失うのではなく、将来に向かって失われる。

七　会議の原則

国会の議事・議決の手続きについては、憲法をはじめ国会法、衆議院規則、参議院規則等に定められている。国会の両議院は、それぞれ独立の会議を開き、各議院の総議員で構成する会議を「本会議」という。各議院で議案が発議又は提出されると、議長はこれを委員会に付託し、その審査報告後、本会議に付する（国会法第五六条第二項）。委員会は「常任委員会」と「特別委員会」に分かれるが、各議員は少なくとも一個の常任委員となる（同第四二条第二項）。

(1)　定足数

定足数とは、合議体で議事を開き、議決を行うに必要とされる出席者の数をいう。会議で全員の出席を確保することは不可能であり、少数の議員の出席によって、議事を開き議決を認めるとすれば、会議の意義を失わしめることになる。そこで、日本国憲法は、「両議院は、各々その総議員の三分の一以上の出席がなければ、議事を開き議決することができない」と定める（第五六条第一項）。この「総議員」とは、法定議員数か現在議員数かについて、見解が分かれるが、現在議員数の総数と解する説が通説である。

憲法の定足数は、本会議についての規定であるが、その他の会議ではこれと異なる定めをすることができる。委員会の議事及び議決は委員の半数である（国会法第四九条）。先例では、衆議院では法定数、参議院では現在員数としている。また、両院協議会の定数は、各議院の協議委員の各々三分の二となっている（同第九一条）。

次に、定足数を欠いた議事又は議決の効力については、どうなるだろうか。議事については、議長は定足数を欠いていると認めたときは、休憩又は延会を宣告しなければならない（衆議院規則第一〇六条第一項・第二項、参議院規則第八四条第一項）。定足数を欠くおそれがあるときは、議長は議員の退席を禁止し、または議場外の議員に出席を命じることができる（参議院規則第八四条第二項）。定足数を欠いた議決については、違法であることはいうまでもないが、議院の自律権を認める上から、他の国家機関は、その違法性を争うことができないと解するのが通説である。定足数を欠く議決について裁判所で争うことができ、裁判所の審査権が及ぶと解する説もある。(7)

(2) 表決数

表決数とは、合議体で議員の有効な意思決定を行うために必要な賛成数をいう。憲法は、「両議院の議事は、この憲法に特別の定のある場合を除いては、出席議員の過半数でこれを決し」としている（第五六条第二項）。可否同数のときは議長の決するところによる。多数には、比較多数、絶対多数、特別多数があるが、憲法は過半数主義が採られている。「出席議員の過半数」というのは、合議体に出席した議員の過半数であり、棄権者又は無効投票者を除くものではないと解する。

しかし、憲法は過半数の原則に対し、次のような例外がある。憲法改正の場合は、総議員の三分の二以上の賛成を必要とし（第九六条第一項）、議員の資格争訟の裁判により、議員の議席を失わせる場合（第五五条）、両議院の会議で秘密会を開く場合（第五七条第一項）、議院で議員を除名する場合（第五八条第二項）、衆議院で法律案を再議決する場合（第五九条第二項）はいずれも出席議員の三分の二以上の多数を必要とする。

（3）会議の公開

憲法第五七条第一項は、「両議院の会議は、公開とする」と定める。国民の代表機関である国会の会議を公開して、国民に知らせ国民の監視の下に置き、民意の反映をした政治を実現するためである。「両議院の会議」とは、両議院の本会議のことであり、委員会や両院協議会は含まれない。会議の公開とは、議員以外の者がその会議の内容を見聞することである。本会議は、公開することが原則であるが、出席議員の三分の二以上の多数で議決したときは、秘密会を開くことができる（第五七条第一項但書）。秘密会には、その院の議員以外の者は入場することはできない。

（4）一事不再議

一事不再議とは、ひとたび議決された案件は、同一会期中に再びこれを審議しないということである。明治憲法第三九条では、「両議院ノ一ニ於テ否決シタル法律案ハ同会期中ニ於テ再ヒ提出スルコトヲ得ス」と規定していたが、現行憲法には明文の規定はなく、憲法第五九条第二項で規定する衆議院で可決し、参議院で否決した法律案を衆議院で再議決するというのは、憲法で定めた例外であり、それ以外はこの規定が適用される。

第五節　国会の権能

一　立法に関する権限

立法機関である国会は、国権の最高機関として国政の中枢的地位を有し、広範囲にわたり重要な多くの権限を与えられている。憲法が規定する国会の主な権能として、憲法改正の発議、法律案の議決、条約の承認、内閣総理大臣の指名、弾劾裁判所の設置、財政の監督等がある。

(1) 法律の制定

憲法は、法律の制定について、「法律案は、この憲法に特別の定のある場合を除いては、両議院で可決したとき法律となる」(第五九条第一項)と定める。すなわち、原則として、両議院の議決で法律は成立する。法律の制定手続きは次のとおりである。

⑴ **法律案の発案**　国会が唯一の立法機関である以上、議員が発案権を有することは当然であるが、国会法によれば議員が法律案を発議するには、衆議院では議員二〇人以上、参議院では議員一〇人以上の賛成を要する。但し、予算を伴う法律案を発議するには、衆議院において議員五〇人以上、参議院においては議員二〇人以上の賛成を要する(国会法第五六条第一項)。国会法は、各議院の委員会にも、その所管する事項に関し法律案の提出を認め、その場合は委員長を提出者としている(同第五〇条の二)。その他、各議院も議案を提出でき、内閣も法律案の提出ができる。

⑵　**法律案の審議**　法律案が発議又は提出されると、議長は、これを適当な委員会に付託し、その審査を経て会議に付する。委員会で、議員の会議に付する必要がないと決定した議案は、これを会議に付さない（同第五六条第三項）。原案を可決、否決、修正した場合でも、議案は議院の本会議に付される。

⑶　**法律案の議決**　「法律案は、この憲法に特別の定のある場合を除いては、両議院で可決したとき法律となる」（第五九条第一項）。法律は、原則として両議院で議決したとき成立する。憲法に特別の定のある場合とは、衆議院の再議決（第五九条第二項）、参議院の緊急集会（第五四条第二項・第三項）、地方自治特別法（第九五条）がある。

①法律案は、原則として、両議院で可決したとき法律となる。

②衆議院で可決し、参議院でこれと異なった議決をした法律案は、衆議院で出席議員の三分の二以上の多数で再び可決したときは、法律となる（第五九条第二項）。この参議院で異なった議決をした場合には、ⓐ参議院で衆議院の送付案を否決した場合、ⓑ参議院で衆議院の送付案を修正可決した場合、ⓒ第五九条第四項により、衆議院で参議院が否決したものとみなし議決した場合等がある。

③両院協議会：参議院で異なった議決をした場合でも、衆議院は、法律の定めるところにより、両議院の協議会を開くことができる。両院協議会とは、両議院の議決が一致しなかった場合に両議院の意見を調整するために開かれる協議会である。法律案の議決は任意的協議会であるが、予算の議決（第六〇条第二項）、条約の承認の議決（第六一条）、内閣総理大臣の指名の議決（第六七条第二項）は、必要的両院協議会といって協議会を必ず開く必要がある。

⑷　**主任の国務大臣の署名及び内閣総理大臣の連署**　すべての法律及び政令には、主任の国務大臣が署名し、内閣総理大臣が連署しなければならない（第七四条）。この署名及び連署は、法律を執行する責任を明らかにするものであって、これを欠いたからといって、法律の効力には影響はない。

(5)　**法律の公布**　法律案について最後の議決をした院の議長から内閣を経由して奏上する（国会法第六五条第一項）。法律の公布は、国事行為であるため、内閣の助言と承認により天皇がこれを行う（第七条第一号）。法律は奏上の日から三〇日以内にこれを公布しなければならない（国会法第六六条）。

(2)　憲法改正の発議

憲法改正は、国会の発議と国民の承認を経ることが必要である。国会が、憲法改正について発議するには、各議院の総議員三分の二以上の賛成が必要である（第九六条第一項）。この発議には、両議院の議決が一致することが要件であり、衆議院と参議院は対等の地位に置かれ、法律案の議決のように衆議院の議決が優越することはない。

「この承認には、特別の国民投票又は国会の定める選挙の際行はれる投票において、その過半数の賛成を必要とする（第一項）。憲法改正について前項の承認を経たときは、天皇は、国民の名で、この憲法と一体を成すものとして、直ちにこれを公布する（第二項）」と定める。

(3)　条約の承認

条約の締結権は内閣にあるが、「事前に、時宜によつては事後に、国会の承認を経ることを必要とする」（第七三条第三号但書以下）。明治憲法は、条約の締結を天皇の大権に専属させ、議会の関与は一切認めなかった。ここに現行憲法との大きな違いがある。条約とは、形式的意味の条約（条約という名称を有するもの）のみではなく、実質的意味の条約（文書による国家間の合意）をいう。したがって、協定、協約、取極め、宣言、覚書等といった名称を有しても、国家間の文書による合意であれば条約といえる。条約は、国際法上の法形式であり、国家間を拘束するものである。しかし、公布することにより、国内法としての効力が発生する。条約の締結は内閣の権限である。一般的に内閣は、全権委員を任命し、条約文書に署名させ、その後にこれを批准することによって、条約を締結する。

条約を締結するには、「事前に、時宜によつては事後に、国会の承認を経ることを必要とする」（第七三条第三号但書）。この「事前・事後」とは、条約を確定的に成立させる時期を基準とする。内閣の批准によって成立させる条約は、批准の前後であり、全権委員の調印によって成立させる条約は調印の前後となる。条約の締結に対する国会の承認は、事前の承認が原則であり、やむをえない場合は事後でもよいということである。事前にせよ事後にせよ条約は、国会の承認が絶対的条件なので、事前に承認を得られないと内閣は批准できず、事後に承認が得られない条約はその効力が問題となる。学説は分かれるが、批准を要しない条約は、署名により、批准を要する条約は、批准によって条約は成立し、当該国間において確定的に効力を生ずる。しかるに、事後の承認が得られない場合でも条約の効力には影響がないとする説が妥当であろう。国会の承認は、原則として両議院一致の議決を要し、衆議院と参議院とが異なった議決をした場合に、両院協議会を開いても意見が一致しないとき、または参議院が衆議院の可決した条約を受け取った後、国会休会中の期間を除いて三〇日以内に議決しないときは、衆議院の議決が国会の議決となる（第六一条、国会法第八五条）。

二　財政に関する権限

(1) 租税法律主義

憲法第八四条は、「あらたに租税を課し、又は現行の租税を変更するには、法律又は法律の定める条件によることを必要とする」と定め、租税法律主義を明らかにしている。租税とは、国又は地方公共団体がその経費にあてる目的で、国民から強制的に賦課徴収する金銭のことをいう。第八四条の規定は、租税の種類や課税の根拠に限らず、納税義務者、課税物件、課税標準、税率はもちろんのこと、賦課徴収の手続きもすべて法律で定めることを要求している。[8] 租税については、毎年、国会の議決を必要とする一年税主義と、一度議会の議決を経ればこれを変更する場合以外は、改めて国会の議決は必要なく、毎年賦課徴収する永久税主義とがある。わが国は、現在永久税主義を採用している。租税の賦課徴収には、必ず法律によることを定めているが、この租税法律主義には、次の二つの例外がある。

(1) **地方税**　地方公共団体の課税権の根拠は、地方自治法に定め地方税は地方税の種類及び一般的標準等を定めているが、税率等の具体的な定めは条例に委ねられている（地方税法第三条第一項）。

(2) **関　税**　関税の賦課徴収は、関税法及び関税定率法によるのが原則であるが、条約に特別の規定があるときはそれによる（関税法第三条）。

(2) 国費の支出及び債務負担行為の議決権

憲法第八五条は、「国費を支出し、又は国が債務を負担するには、国会の議決に基くことを必要とする」と定める。

(1) **国費の支出**　国費の支出とは、財政法によれば、国の各般の需要を充たすための支払いをいうと規定する（財政法第二条第一項）。この国費を支出するには、国会の議決に基づくことが必要である。国費の支出は、国民の負担に重大な影響を及ぼすものであるから、特に国会の監督に置くもので、憲法第八三条の財政処理の基本原則から派生するものである。

(2) **国の債務負担**　国が債務を負担するには、国会の議決に基づくことが必要である。債務負担行為に対する国会の議決の形式として、憲法には直接の規定がなく、財政法に予算と法律の二つの方式を定めている（財政法第一五条・第二一条)。

(3)　公の財産の支出又は利用の制限

「公金その他の公の財産は、宗教上の組織若しくは団体の使用、便益若しくは維持のため、又は公の支配に属しない慈善、教育若しくは博愛の事業に対し、これを支出し、又はその利用に供してはならない」と定める。

第八九条前段は、「公金その他の公の財産は、宗教上の組織若しくは団体の使用、便益若しくは維持のため……これを支出し、又はその利用に供してはならない」とある。これは、宗教上の組織若しくは団体のために、公の財産を支出又は利用することを一切禁じて、国家と宗教が結びつくことを防止して、政教分離の原則を確立するものである。すなわち、国家が宗教に対し財政的に援助することは、国家と宗教とにおいて癒着が生じ、種々の弊害が生じることになる。このような弊害を防ぎ信教の自由を保障し、国家と宗教の分離の原則を貫くためにも、公金その他の公の財産の支出は禁止される。

次に、第八九条後段の、「公の支配に属しない慈善、教育若しくは博愛の事業に対し、これを支出し、又はその利用に供してはならない」との規定は、「公の支配に属しない事業」に対する公金、その他の公の財産の支出、利用は禁止する意味である。この趣旨は、事業の公私を区別し、私的な事業に対しては、あくまでもその自主独立性を保障して、私的自治による組織、運営を図り財政的援助を介して、公権力による干渉を排除することにある。

ところで、現在の私立学校法及び私立学校振興助成法は、国又は地方公共団体が私立学校に対し、補助金を支出し貸付をすることを認めているが、これが憲法第八九条に違反するか否か問題となる。これは「公の支配」の意味をどのように解するかである。財政援助を行うにあたり、国がそれに対し、適正に使用されているか否かの監督権を有するから、その事業は「公の支配」に属するとみるべきであろう。判例[9]は、教育事業に対して公の財産を支出し、利用させるためには、その教育事業が公の支配に服することを要するが、その程度は、国又は地方公共団体等の公権力が、当該教育事業の運営、存立に影響を及ぼすことにより、右事業が、公の利益に沿わない場合は、これを是正しうる途が確保され、公の財産が乱費されることを防止しうることをもって足り、必ずしも、当該事業の人事、予算等に公権力が直接的に関与することを要しないと解する。

(3) 予算の議決

(1) 予算の意義　予算とは、一会計年度における国の財政行為の準則、歳入歳出の予定的見積もりをいう。予算は、財政行為の準則として、国家機関を拘束する国法の一形式である。予算は、国民の権利義務に関する法規でもなく、形式的意味の法律でもない。その意味では、予算は法律と異なり一般の国民を拘束しないが、一種の法規範として法的効力を有するのである。

(2) 予算の発案　予算の発案権は内閣に属する。「内閣は、毎会計年度の予算を作成し、国会に提出して、その審議を受け議決を経なければならない」（第八六条）と定めている。内閣総理大臣は、内閣を代表して、予算を国会に提出する（第七二条）。発案権は、このように内閣のみに属し、その予算案を内閣は、先に衆議院に提出しなければならない（第六〇条一項）。

(3) 予算の審議　この予算の審議で問題とされるのは、どの範囲まで国会は予算修正ができるかである。現行憲法は、国会の予算審議権について、何らの制限規定を設けていない。予算の減額修正について否定する見解はなく、減額が無制限にできるか、それとも一定の制約があるか、ということが問題とされる。学説は二つに分かれる。第一説は、国会の減額修正は、自由に行えるとする無限界説であり通説でもある。第二説は、国会の減額修正はできるが、それは歳出の根拠となった法律に拘束される、とする制約説である。国会は、予算とともに法律の議決を行う機関であるから、減額修正によって法律の執行ができなくなるような状況は避けなければならず、法律と予算とが一致するように、努める義務があるとする見解である。日本国憲法は、財政について国会中心主義を採り、減額修正を禁止する条項はなく、減額修正は、内閣の予算発案権を積極的に侵害することにならない。したがって、修正権には制限はないと解する。

一方、予算の増額修正については、予算の発案権が、内閣のみに認められていることから問題はある。先ず、議員に予算発案権はなくとも、国会が財政処理の最高議決機関とする現行憲法の趣旨から、多少の増額修正は可能であると解する。とはいっても、国会の増額修正は無制限ではない。憲法が、予算の発案権が、内閣に属していることを考えると、この発案権を剝奪するような、大幅な修正は認められないと解する。

(4) 暫定予算　会計年度が開始しても予算が成立しない場合には、どう処理したらよいだろうか。現行憲法は、明治憲法のような、前年度の予算を施行するような制度は採用していない。財政法は、「内閣は、必要に応じて、一会計年度のうちの一定期間に係る暫定予算を作成し、これを国会に提出することができる」(第三〇条第一項)と定めている。暫定予算は、応急的に期間を区切って作成し、国会の議決を経て暫定的な効力を与えられた予算であり、後に本予算が成立すれば効力を失う。

(4) 予備費の議決及び予備費支出の承認

予算は一会計年度における歳入歳出の予定的見積もりであるから、予算を執行しているうちに予見し難い事情のため、予算の見積もりを超過または新たな目的のために、支出する必要が生じる場合がある。このような予見し難い場合、追加予算あるいは補正予算を提出して、国会の議決を求めるのが通例である。しかし、それが困難又は緊急性を有する場合には、憲法は別に予備費の制度を設けている。日本国憲法は、「予見し難い予算の不足に充てるため、国会の議決に基いて予備費を設け、内閣の責任でこれを支出することができる」と定めている。予備費は、内閣の責任でこれを支出できる（第八七条第一項）。すべて予備費の支出については、内閣は、事後に国会の承諾を得なければならない（第八七条第二項）。

(5) 決算の審査

決算とは、一会計年度における収入支出を計数によって表示したものである。「国の収入支出の決算は、すべて毎年会計検査院がこれを検査し、内閣は、次の年度に、その検査報告とともに、これを国会に提出しなければならない」（第九〇条第一項）。決算は財務大臣が作成し（財政法第三八条）、閣議の決定によって成立する。成立した決算は、会計検査院に送付されその検査を受ける。会計検査院の検査を受けた決算は、検査報告とともに国会に提出される。国会はこれを審査し議決する。

三　その他の一般国務に関する権限

(1) 内閣総理大臣の指名

「内閣総理大臣は、国会議員の中から国会の議決で、これを指名する」（第六七条第一項前段）。日本国憲法は、行政府と立法府との関係について、議院内閣制を採用している。内閣の成立と存続が国会の意思に依存しているのであり、内閣総理大臣を国会が指名することは、正に、この議院内閣制の現れである。内閣総理大臣の地位の重要性から、「この指名は、他のすべての案件に先だつて、これを行ふ」（第六七条第一項後段）と定める。指名が「すべての案件に先だつて」といっても、絶対的に優先するのではなく、指名するための前提となる会期の決定、議長の選任等は、内閣総理大臣の指名に先行して行われる場合もある。内閣総理大臣の指名は、両議院一致の議決が必要であるが、両議院の議決が一致しないときは、衆議院の優位が認められる。すなわち、衆議院と参議院とが異なった議決をした場合に、法律の定めるところにより、両議院の協議会を開いても意見が一致しないとき、または衆議院が指名の議決をした後、国会休会中の期間を除いて一〇日以内に参議院が指名の議決をしないときは、衆議院の議決を国会の議決とする（第六七条第二項）。

(2) 弾劾裁判所の設置

「国会は、罷免の訴追を受けた裁判官を裁判するため、両議院の議員で組織する弾劾裁判所を設ける（第一項）。弾劾に関する事項は、法律でこれを定める（第二項）」（第六四条）。弾劾裁判所を設置するのは、国会の権限であるが、弾劾裁判を行うのは弾劾裁判所であり国会ではない。裁判官の弾劾裁判の制度は、国民の公務員の選定罷免権（第一五条第一項）から派生するものである。「法律で定める」とあるこの法律は、国会法及び裁判官弾劾法である。裁判官の罷免の訴追は、各議院においてその議員の中から選挙された同数の訴追委員で組織する訴追委員会がこれを行う（国会法第一二六条第一項）。弾劾裁判所は、各議院においてその議員の中から選挙された同数の裁判員（両議院各七人）で組織する（同第一二五条第一項、裁判官弾劾法第一六条第一項）。

第六節　議院の権能

両議院によって構成する国会の権能の他に、各議院が単独に行いうる権能として次のものがある。

（1）議院規則の制定

両議院は、各々その会議その他の手続及び内部の規律に関する規則を定めることができる（第五八条第二項本文前段）。この議院規則には、衆議院規則、参議院規則、参議院緊急集会規則等がある。これらの規則は、各議院の自律権に基づいて制定される法規であり、その効力は議院内部のみに限られるが、議院内部においては議員のみならず国務大臣、政府委員、公述人、傍聴人などもその拘束を受ける。

（2）請願の受理

両議院に対する請願については、国会法に定められている。各議院に請願しようとする者は、議員の紹介により請願書を提出し、委員会の審査を経た後これを議決する（国会法第七九条・第八〇条第一項）。各議院において採択した請願で内閣において措置するを適当と認めたものは、これを内閣に送付し内閣は、その処理の経過を毎年議院に報告する義務がある（同第八一条）。

（3）議員の逮捕の許諾及び釈放の要求

これについては、第六章第三節の二（2）を参照。

（4）議員の資格争訟の裁判

「両議院は、各々その議員の資格に関する争訟を裁判する」（第五五条）。議員の資格は、法律で定められており、被選挙権を有し議員としての兼職が禁止されており、公職についていないことが要件となっている。争訟は、各議院の議員から文書で議長に提起し、委員会の審査を経て本会議でこれを議決する（国会法第一一一条）。本会議で議員の議席を失わせる場合は、出席議員の三分の二以上の多数の議決を必要とする（第五五条但書）。この争訟は、議院の自律権に基づくものであり、司法裁判所の管轄外とされる。

(5) 会議の公開停止

両議院の会議は公開とするが、出席議員の三分の二以上の多数で議決したときは、秘密会を開くことができる（第五七条第一項）。本条は、両議院の本会議の公開を保障したものである。委員会の会議については、国会法に定めがある。それによれば、「委員会は、議院の外傍聴を許さない。但し、報道の任務にあたる者その他の者で委員長の許可を得た者については、この限りではない。委員会は、その決議により秘密会とすることができる。委員長は、秩序保持のため、傍聴人の退場を命ずることができる」（国会法第五二条）と定める。本条は、秘密会を開くことを認めているが、それには三分の二以上の多数の議決を必要として、秘密会の開催を困難にしている。

(6) 役員の選任

「両議院は、各々その議長その他の役員を選任する」（第五八条第一項）。国会法では、各議院の役員は議長、副議長、仮議長、常任委員長及び事務総長となっている（国会法第一六条）。すべて議院が選任し、大部分は議員から選ばれるが、このうち、事務総長だけは国会議員以外の者より選ばれる（同第二七条）。議長その他の役員を選任するのは議院であるから、本会議の選挙で選出される。

(7) 議員の懲罰

両議院は、院内の秩序を乱した議員を懲罰することができる（第五八条第一項）。これは、議院の組織体としての秩序を保ち、議院運営が円滑にいくように議院に認められた自律権である。懲罰は、院内の秩序を乱したことによる、議員に対する制裁である。したがって、懲罰の対象になるのは国会議員であり、院内の秩序に無関係な行為は、懲罰の対象とはならない。国会法は、懲罰理由として、①会議中、議員が国会法又は議事規則に違いその他議場の秩序を乱し又は議員の品位を傷つけること（国会法第一一六条）、②議員において無礼の言を用い又は他人の私生活にわたる言論をすること（同第一一九条）、③議院の会議又は委員会で侮辱をすること（同第一二〇条）、④議員が正当な理由なく会議又は委員会を欠席する（同第一二四条）等をあげている。また、懲罰の種類には、公開議場における戒告、陳謝、一定期間の登院停止及び除名があり（同第一二二条）、除名には出席議員の三分の二以上の多数による議決を必要とする（第五八条第二項）。

（8）国務大臣の出席要求

各議院は、議案に関する答弁又は説明のため、内閣総理大臣その他の国務大臣の出席を要求することができる。この要求があったときは、内閣総理大臣その他の国務大臣は議院に出席しなければならない（第六三条）。また、これは内閣総理大臣その他の国務大臣が議院に出席、発言する権利を有し、また、議院から出席を求められたときは、出席する義務を負うことを規定したものである。「内閣総理大臣その他の国務大臣」の議院への、出席、発言と規定しているが、それ以外の者の出席を許可しないのではなく、政府委員も議院に出席し発言できるが、憲法上、出席し発言する権利を保障されているわけではない。また、委員会は国務大臣、政府委員、会計検査院の長、検査官などの出席を求めることができる（国会法第七一条・第七二条）。

（9）国政調査権

憲法第六二条は、「両議院は、各々国政に関する調査を行ひ、これに関して、証人の出頭及び証言並びに記録の提出を要求することができる」と議院の国政調査権を認めている。国会が国権の最高機関として、立法その他重要な国家作用を適切に行うためには、国政について正確な資料を有することが不可欠である。このような資料を収集するには、議院自身に調査権を与えて、自ら収集させることが必要である。そのために各議院に認められた権限が国政調査権である。

明治憲法の下では、議院法によって各議院に認められていたが、その権限は著しく制限されており、その権能は充分発揮していなかった。これに対し、日本国憲法は調査権限を強化し、調査に関して証人の出頭、証言並びに記録の提出が要求できるとしている。調査権の範囲も立法、行政、司法の三権の広範囲についてまで及ぶ。立法権については、国会は唯一の立法機関であるから、各議院は、立法の準備のため立法権の対象となるすべての事項について調査できる。行政権については、議院内閣制の原則により行政監督権がある以上、行政一般について全面的に調査することができる。司法権についても、司法作用も国政に属するものであるから調査の対象となる。

(1) **調査の方法**　両議院は、国政調査を行うにあたり、証人の出頭及び証言並びに記録の提出を要求することができる。宣誓した証人が虚偽の陳述をしたとき、正当事由がなく証人が出頭せず、または書類を提出しないとき、あるいは、出頭した証人が宣誓、証言を拒否した場合は、一定の刑罰を受けることになる。証人の証言を強制できるが、「何人も、自己に不利益な供述を強要されない」（第三八条第一項）という規定の原則は遵守されなければならない。

(2) **国政調査権の範囲と限界**　この調査権も、無制限に行使できるわけでもなく、そこには限界がある。国政に関する調査権は、国会の権能を有効適切に行うために必要な調査であるから、国会の権能と無関係な事柄に対する調査は許されない。国会の権能は、立法権に限らず広範囲に行政権にも及ぶ。したがって、内閣の権能に属する行政事務の全部にわたって調査できるが、問題は司法権との関係である。司法権も国政に含まれるが、本来の裁判作用そのものは、司法権の独立の原則から、国会の権限外にあり国政調査権は及ばない。現に進行中の裁判の訴訟指揮や判決内容の当否を、調査することは許されない。また、個人の私的行動に関するものは、ここにいう国政には含まれず、国政調査権の対象にもなりえない。国家作用であっても、国会の権限の範囲外に該当するものは、ここでいう国政に含まれないのである。日商岩井事件の東京地裁判決[10]では、調査内容・範囲は議院が自主的に判断しうるが、その判断に「重大かつ明白な過誤」があったときには、司法判断が及ぶとしている。裁判所の審理との並行調査については、明確な姿勢を示してはいないが、検察側との並行調査[11]が原則として認められることを明言した。これに関しては、浦和充子事件がある。母子心中を企て子ども三人を殺害し、自首した被告人、浦和充子に対し浦和地方裁判所は、昭和二三年七月二日の判決で懲役三年・執行猶予三年の判決を下した。これに対し、参議院法務委員会は、国政調査権を発動して調査し、判決の事実認定及び量刑が失当であると決議した。最高裁判所は、参議院の法務委員会の調査は、「個々の具体的裁判について、事実認定もしくは量刑不当等の当否を審査批判し、または司法部に対し指摘勧告をする等の目的をもって、行動に及んだことは、司法権の独立を侵害し、まさに国会に許された国政に関する調査権の範囲を逸脱する措置」であると批判した。これに対し、参議院の法務委員会は、この調査は「司法権の独立と抵触するものではない」と反論した。この参議院法務委員会の行為は、司法権の独立を害し、憲法上の国会に許される調査権の範囲を、逸脱したものであるといえよう。

次に、国政調査権の限界として、考慮しなければならないものの一つとして、基本的人権の保障があげられるが、その行使にあたっては、個人の思想・信条にわたる領域について、調査することなどは許されない、というべきである。例えば、個人の思想を告白させるような質問をして、回答を求めることは許されず、また、そのような質問をされた証人は、証言を拒否できることはいうまでもない。

（1）　この説は、「国権の最高機関」の意味について、国会が主権者たる国民の代表として、国政の重要な中心的役目を果たしていることに着目して「政治的美称」であるとする。これが通説である。この他に、総合機能調整説、最高責任地位説等がある。

（2）　参議院が予算を受け取った後、国会休会中の期間を除いて三〇日以内に、議決しないときは、衆議院の議決のみで国会の議決があったものとみなされる場合を「自然成立」という。

(3)　宮沢・前掲書五六六～五六七頁参照。

(4)　免責特権は、国会議員に対してのみ認められ、地方議会の議員には及ばない。判例も、「憲法上、国権の最高機関たる国会について、広範な議員自律権を認め、ことに議員の発言について、憲法五一条に、いわゆる免責特権を与えているからといって、その理をそのまま直ちに地方議会にあてはめ、地方議会についても、国会と同様の議会自治・議会自立の原則を認め、さらに、地方議会の議員の発言についても、いわゆる免責特権を憲法上保障しているものと解すべき根拠はない」と判示している（最大判昭和四二・五・二四刑集二一巻四号五〇五頁）。

(5)　中村睦男・憲法三〇講（新版）、青林書院、一九九九年、二一四～二一五頁。

(6)　判例も、解散が第六九条の場合以外にも行われることを判示している（東京地判昭和二八・一〇・一九行裁例集四巻一〇号二五四〇頁、東京高裁昭和二九・九・二二行裁例集五巻九号二一八一頁）。

(7)　橋本・前掲書四八二～四八三頁参照。

(8)　最判昭和三七・二・二一刑集一六巻二号一〇七頁参照。

(9)　東京高判平成二・一・二九民集四三巻一号一頁。

(10)　東京地判昭和五五・七・二四刑月一二巻七号五三八頁、判時九八二号三頁。

(11)　東京地判昭和三一・七・二三判時八六号三頁の判決では、「捜査機関の見解を表明した報告書ないし証言が委員会議事録に公表されたからといって、直ちに裁判官に予断を抱かせる性質のものとすることのできないことは、日常の新聞紙上に報道される犯罪事実や捜査当局の発表の場合と同様であって、これをもって裁判の公平を害するとする所論の当たらないことは明らかである」とする。

第七章　内　閣

第一節　内閣の地位

一　総　説

わが国の憲法は、権力分立主義を採用している。すなわち、国家の統治作用を立法権は国会に行政権を内閣に、そして司法権を裁判所に独立に分属せしめて、それぞれ相互に抑制と均衡を保ち、権力の濫用を防ぎ国民の権利と自由を守るものである。明治憲法の下でも不完全ながら権力分立制は採用されていた。しかし、行政権は、統治権の総攬者である天皇が自ら行使し、または、そのもとにある行政機関をして、これを行わしめるという方法を採った。しかも、国務大臣の合議体である内閣は、憲法上の機関ではなく内閣官制によって設けられた機関であり、その成立と存続は議会とは無関係であるから、責任も議会に対して負うのではなく天皇に対するものであった。これに対し、日本国憲法は議院内閣制を採用し、内閣の成立と存続が国会、殊に衆議院の信任に依存するものとして、内閣は行政権の行使について、国会に対し連帯責任を負う旨を規定している（第六六条第三項）。

二　行政機関

(1) 行政権の概念

憲法第六五条は、「行政権は、内閣に属する」と定める。権力分立主義によると、国家作用は立法権、行政権及び司法権の三つに分けられる。立法とは、一般的、抽象的法規範を定立する作用をいい、司法とは、具体的な争訟事件について、法を適用し裁定する作用をいう。行政とは、立法でも司法でもなく一切の国家作用をいうとする説。あるいは国家作用のうちから、立法作用と司法作用を控除した、残りの部分であると定義される説があるが、これを消極説又は控除説とも呼んでいる。

(2) 議院内閣制

議院内閣制は、沿革的にはイギリスで発達したもので、権力分立制の前提に立って、行政権を民主的に規制するための制度である。議院内閣制とは、議会と内閣との関係において、議会に内閣の存立を左右するほどの優位を認め、内閣の成立と存続が国会の意思に依存している制度をいう。日本国憲法に採用している議院内閣制として、次のようなものがある。内閣の成立の背景として、第一に、内閣総理大臣は、国会議員の中から国会の議決で指名される（第六七条第一項）。この議決で両議院の意思が一致しない場合には、衆議院の優越的地位が認められる（第六七条第二項）。国務大臣の過半数は、国会議員の中から選ばれる（第六八条第一項）。第二に、内閣は行政権の行使について、国会に対し連帯して責任を負う（第六六条第三項）。第三に、内閣は、衆議院で不信任の決議案を可決し、または信任の決議案を否決したときは、一〇日以内に衆議院が解散されない限り、総辞職しなければならない（第六九条）。このように内閣は、その成立について国会の意思に依存しているだけではなく、その存続についても、衆議院の信任に依存しているのである。

第二節　内閣の組織

一　総説

「内閣は、法律の定めるところにより、その首長たる内閣総理大臣及びその他の国務大臣でこれを組織する」と定める（第六六条第一項）。この規定を受けて内閣法が制定されている。それによれば、内閣は首長たる内閣総理大臣及び内閣総理大臣に任命された国務大臣をもって組織する（内閣法第二条第一項）。そして国務大臣の数は、一四人以内とし特別の場合には一七人以内とすることができる（同第二条第二項）。各大臣は、合議体としての内閣の構成員であり、主任の大臣として、行政事務を分担管理する（同第三条第一項）。行政事務を分担管理しない大臣（いわゆる無任所大臣）を置くことも認められている（同第三条）。

内閣総理大臣は、国務大臣を任命するが（第六八条）、「内閣総理大臣その他の国務大臣は、文民でなければならない」（第六六条第二項）と定める。文民とは、「civilians」のことであるが、この文民の意味については、学説が分かれる。①第一説は、現在、職業軍人でない者、②第二説は、職業軍人の経歴のない者、③第三説は、過去に職業軍人でない者と現在自衛官及び過去に自衛官でなかった者とがある。文民とは第三説のように解するのが妥当である。

二　内閣総理大臣

(1) 内閣総理大臣の地位

内閣総理大臣も、内閣を構成する合議体の一員である。明治憲法の下での内閣総理大臣は、他の国務大臣と同格の地位にあり、内閣官制によって内閣の「首班」として、内閣の統一性を確保し内閣を代表する地位が認められていた。これに対し、日本国憲法は、内閣総理大臣を内閣の「首長」と位置づけて、他の国務大臣の上位にあり内閣を統率し外に向かって内閣を代表し、また行政各部を指揮監督するといった強大な権限が与えられている。

(2) 権　能

内閣総理大臣は、内閣の首長として内閣を代表し、行政各部を指揮監督し、次のような権能が認められている。

(1) **国務大臣の任免**　内閣総理大臣は他の国務大臣を任命し、また任意にこれを罷免することができる（第六八条第二項）。この任免権は、内閣総理大臣の専権に属するものであるから、閣議にかける必要もなく、他の国務大臣の意見を聞く必要もない。内閣総埋大臣は、自分の考えで自由に決することができる。国務大臣は任命されると天皇の認証を必要とする（第七条第五号）。なお、国務大臣の過半数は、国会議員の中から選ばれなければならない（第六八条第一項）。

(2) **国務大臣の訴追に対する同意（第七五条）**　「国務大臣は、その在任中、内閣総理大臣の同意がなければ、訴追されない。但し、これがため、訴追の権利は、害されない」と定める。この趣旨は、内閣の統一性を確保し、検察機関による不当な圧迫を防ぐことを目的とするためである。訴追とは、刑事訴訟法上の起訴、すなわち検察官による公訴を提起することをいう。検察機関による国務大臣の身体の自由を保護する憲法の趣旨からすれば、訴追は起訴に限らず、逮捕及び拘留等の身体の自由を拘束することも含むと解すべきであろう。

(3) **「内閣を代表して議案を国会に提出し、一般国務及び外交関係について国会に報告し、並びに行政各部を指揮監督する」こと**（第七二条）　内閣法はこの趣旨を受け、「内閣総理大臣は、閣議にかけて決定した方針に基づいて、行政各部を指揮監督する」と定める（内閣法第六条）。内閣総理大臣が内閣を代表する事項は、憲法第七二条に掲げるもの以外に、第九一条に定める国会及び国民に対する国の財政状況の報告も、内閣総理大臣が内閣を代表して行うと解せられている。

(4) **議院に出席し発言すること**　内閣総理大臣は、いつでも議案について発言するため議院に出席することができる（第六三条）。この議院とは、本会議及び委員会の会議を指すと解すべきである。内閣総理大臣、その他の国務大臣及び政府委員が、議院の会議や委員会において、発言しようとする場合には、議長又は委員長に通告しなければならないことになっている（国会法第七〇条）。

(5) **閣議の主宰**　閣議は、内閣総理大臣が主宰する。この場合、内閣総理大臣は内閣の重要政策に関する基本的な方針その他の案件を発議することができる（内閣法第四条第三項）。各大臣は、案件の如何を問わず、内閣総理大臣に提出して、閣議を求めることができる（同第四条第三項）。

(6) **権限疑義の裁定**　主任の大臣間における権限についての疑義は、内閣総理大臣が閣議にかけてこれを裁定する（内閣法第七条）。

(7) **処分又は命令を中止**　内閣総理大臣は、行政各部の処分又は命令を中止せしめ、内閣の処置を待つことができる（内閣法第八条）。

三　国務大臣

内閣構成員である国務大臣は、次のような権能を有する。
①主任の国務大臣として法律及び政令に署名すること（第七四条）。
②議案について発言するため議院に出席すること（第六三条）。
③閣議に列席すること（内閣法第四条）。
④案件の如何を問わず、内閣総理大臣に提出して、閣議を求めること（内閣法第四条）。

四　内閣の総辞職

内閣総理大臣は、天皇によって任命され内閣の首長として、他の国務大臣の上位にあり強大な権限を有し、内閣の統一性を確保する地位にある。内閣総理大臣は、自らの意思で辞職することもあるが、辞職しなければならない場合もある。その場合、内閣総理大臣の辞職は、常に内閣の総辞職を伴うのである。内閣は次の場合には総辞職しなければならない。

⑴　**衆議院で内閣不信任が決議されたとき**　「内閣は、衆議院で不信任の決議案を可決し、又は信任の決議案を否決したときは、十日以内に衆議院が解散されない限り、総辞職をしなければならない」（第六九条）。これは議院

内閣制の現れである。

(2)　内閣総理大臣が欠けたとき　「内閣総理大臣が欠けたとき」とは、内閣総理大臣の死亡、当選訴訟、資格争訟、議院の除名、単独辞職等により、内閣総理大臣となる資格の喪失の場合である。これに対し、病気、一時的な生死不明のような場合は、内閣総理大臣に事故のあるときに該当し（内閣法第九条）、あらかじめ指定された国務大臣がその職務を行う。

また、内閣総理大臣が、日本国籍を失った場合にも、これに属するという考えもある[1]。

(3)　新国会が召集されたとき　衆議院議員の総選挙が行われた後、初めて国会の召集があったときは、内閣は総辞職しなければならない。

以上の他、内閣が任意に総辞職することは可能である。内閣が総辞職しても、新たに内閣総理大臣が任命されるまで、今までの内閣が引き続きその職務を行う（第七一条）。

第三節　内閣の権能

行政権は内閣に属する（第六五条）ことから、一般行政事務を行うのは内閣の権限である。内閣の権能に属する事務には、憲法第七三条に掲げる行政事務と第七三条に列挙する以外の行政事務とがある。

一　憲法第七三条に定める事務

憲法第七三条は、「内閣は、他の一般行政事務の外、左の事務を行ふ」として七つの主要な一般行政事務を列挙して、内閣の権限を明らかにしている。

(1)　法律を執行し国務を総理すること

法律を誠実に執行することが行政の本質である。国権の最高機関であり、国の唯一の立法機関である国会が制定した法律の内容が、憲法違反であると思われる場合でも、国会が合憲として制定した以上、内閣は国会の意思に従うことを要し、その誠実な執行義務を負うのである。「国務を総理」するとは、内閣が最高の行政機関として、行政事務を統括し行政各部を指揮監督することをいう。

(2)　外交関係を処理すること

外交事務は、行政事務に属するが日常の外交事務は、外務大臣に主管させるが、特に重要な外交事務は内閣の所管とする。外交使節の任免、全権委任状、大使、公使の信任状その他の外交文書の作成、外国の外交使節にアグレマンを与えること、外国からの外交文書の処理等すべて外交文書を処理する。明治憲法では天皇が元首であり、外交関係を処理する権能は、もっぱら天皇に属していたが、日本国憲法では、そのような権能はすべて内閣に与えられている。

(3)　条約を締結すること

条約の締結権は内閣に属する。但し、事前に時宜によっては事後に国会の承認を経ることを必要とする。国会の承認については、両議院の議決が一致しないときは、衆議院の優越が認められる（第六一条）。

（4）官吏に関する事務を掌理すること

内閣は、法律の定める基準に従い、官吏に関する事務を掌理する（第七三条第四号）。明治憲法では、官吏は天皇の使用人であり、その任免は天皇の官制大権に属した。現行憲法は、法律の定める基準に従い、これに関する事務は内閣が掌理することにした。「官吏に関する事務」とは、具体的には官吏の職階制、試験、任免、給与、研修、分限、服務規律等に関する事務をいう。

（5）予算を作成し国会に提出すること

内閣は予算を作成してこれを国会に提出する（第七三条第五号・第八六条）。

（6）政令を制定すること

憲法は、内閣の政令を定める権限を定めている（第七三条第六号）。政令とは、内閣が制定する命令をいう。現行憲法上、認められる政令は次の二つの場合に限られる。一つは、「憲法及び法律の規定を実施するため」の政令、いわゆる執行命令であり、二つは、法律の特別の委任に基づいて発する委任命令である。この委任命令については、憲法に明文の規定はないが第七三条第六号但書に、「政令には、特にその法律の委任がある場合を除いては、罰則を設けることができない」と規定するところから、委任命令を容認する趣旨と解せられる。委任命令が認められるからといって、一般的、包括的立法権の委任は、決して許されず違憲となる。また、憲法は前述のように「政令には、……罰則を設けることができない」と規定し、内閣は「政令には、法律の委任がなければ、義務を課し又は権利を制限する規定を設けることができない」と定める（内閣法第一一条）。政令には、主任の大臣が署名し、内閣総理大臣が連署し天皇が公布する。

(7) 恩赦を決定すること

内閣は、「大赦、特赦、減刑、刑の執行の免除及び復権を決定すること」と定める（第七三条第七号）。「恩赦とは、行政機関（ときには立法機関）が裁判所による刑の言渡しの効果の全部もしくは一部を消滅させ、または特定の罪につき、公訴権を消滅させる行為をいう」[2]。これは司法権の決定した内容を行政権が変更するもので、憲法で認められた三権分立の原則の例外をなすものである。明治憲法の下では、恩赦は天皇の権限であったが、現行憲法は、恩赦の決定は内閣の権限として、その認証は天皇が行うとした（第七条第六号）。

二　憲法第七三条以外の事務

①天皇の国事行為についての助言と承認を与えること（第三条・第七条）

②最高裁判所の長たる裁判官を指名すること（第六条第二項）

③国会の臨時会の召集を決定すること（第五三条）　内閣は、任意に臨時会を招集することを決定できる。しかし、これには例外があり、第一は、衆議院議員の任期満了による総選挙が行われたときは、その任期が始まる日から三〇日以内に臨時会を招集しなければならない（国会法第二条の三第一項）。第二は、参議院議員の通常選挙が行われたときは、その任期が始まる日から三〇日以内に臨時会を召集しなければならない（同第二条の三第二項）。第三は、いずれかの議院の総議員の四分の一以上の要求があれば、内閣はその召集を決定しなければならない（第五三条後段）。内閣は、要求があるとその召集を義務づけられる。

④参議院の緊急集会を請求すること（第五四条第二項）　衆議院が解散されると、参議院は同時に閉会となる。こ

の議案とは、法律案、予算、予備費支出、条約の承認等をいう。
⑤最高裁判所の長たる裁判官以外の裁判官を任命すること（第七九条第一項）
⑥国会への議案提出、一般国務及び外交関係について国会に報告すること（第七二条）
⑦下級裁判所の裁判官を任命すること（第八〇条）
⑧予備費を支出し、事後に国会の承認を求めること（第八七条）
⑨決算を会計検査院の検査報告とともに国会に提出すること（第九〇条）
⑩国会及び国民に対して国の財政状況について報告すること（第九一条）

第四節　内閣の責任

明治憲法は、行政責任について「国務各大臣ハ天皇ヲ輔弼シ其ノ責ニ任ス」（明憲第五五条第一項）と規定し、国務各大臣は、天皇に対して単独責任を負うものであった。これに対し、現行憲法は、「内閣は、行政権の行使について国会に対し連帯して責任を負ふ」（第六六条第三項）と定め、内閣の行政責任の一般原則を明らかにしている。

憲法上、内閣が、責任を負うとされているのは、行政権の行使及び天皇の国事行為に関する助言と承認についてである。内閣は、内閣の権限に属するすべての事項について、その責任を負わなければならないのである。したがって、内閣は、法律案の提出についても責任を負わなければならない。天皇の国事行為に関する責任も、助言と承認を与えた内閣が、天皇に代わってその責任を負うのではなく、自己の行為に対する責任である。

次に、内閣が自己の権限に属する事項について、責任を負う場合の責任の相手方である。明治憲法下では、第五五条に、「国務各大臣ハ天皇ヲ輔弼シ其ノ責ニ任ス」とあり、国務大臣の単独責任であった。その責任は、天皇、議会のいずれに対するものか明確な規定はなく、天皇に対する責任であるというのが有力であった。現行憲法第六六条は、「内閣は、行政権の行使について、国会に対し連帯して責任を負ふ」と規定して、責任が連帯責任であり、その相手方が、国会であることを明確にしている。これは、内閣を組織する国務大臣が、一体として、責任を負う、という議院内閣制の現れである。連帯責任であるからといって、各国務大臣が、個別責任を負うことを否定するわけでもない。各国務大臣が、個々の所管事項に関し、また個人的な原因によって、単独責任を負うことも当然ある。

（1）　宮澤・前掲書五四二頁。また、「内閣総理大臣が、辞職の意思を表明することなしに、その職務をまったく捨ててしまったと見られる場合、たとえば、無断で国外に亡命した場合などには、当然内閣総理大臣は、辞職したと見るべく、内閣総理大臣が欠けたときに該当するであろう」としている。

（2）　宮澤・前掲書一三四頁。

第八章　裁　判　所

第一節　司　法　権

一　司法権の概念

明治憲法の下では司法権は天皇に属し、裁判所は、「天皇ノ名ニ於テ」司法権を行使する機関であった。司法とは、民事事件及び刑事事件の裁判のみを意味し、行政事件に関する裁判は、司法権に属さないものとして、行政裁判所を設けて行政裁判所の管轄とした。また、特殊の事件を裁判するために、通常裁判所の系列外に設置された、特別裁判所が存在していた。これに対し、日本国憲法は、司法権について、「すべて司法権は、最高裁判所及び法律の定めるところにより設置する下級裁判所に属する」（第七六条第一項）と規定し、司法権が、立法権及び行政権から分離独立した、裁判所に属することを明らかにしている。司法とは、具体的な争訟について、それに対し法を適用し宣言することによって、裁定する国家の作用をいう。「法律上の争訟」は、当事者間の具体的な権利義務、または法律関係の存否に関する争いであって、法律の適用により解決することができるものであるから、具体的事件性のない一般的抽象的な法律問題は、司法権の審査対象にはならない。最高裁判所も警察予備隊違憲訴訟において、「我が裁判所は具体的な争訟事件が提起されないのに将来を予想して憲法及びその他の法律命令等の解釈に対し存在する疑義論争に関し抽象的な判断を下すごとき権限を行い得るものではない」と判示している[1]。

二　司法権の限界

すべて司法権は、最高裁判所及び下級裁判所に属し、裁判所法第三条第一項は、「裁判所は一切の法律上の争訟を裁判」すると定める。しかし、この原則に対し次のような例外がある。

(1) **憲法に特別の定めがある場合**　①国会各議院が行う資格争訟の裁判（第五五条）、②弾劾裁判所による裁判官の弾劾裁判（第六四条）である。

(2) **国際法関係に基づく事項**　一般国際法に基づく、治外法権を有する外交使節には、裁判権は及ばない。また、日米安全保障条約に基づく行政協定によって、駐留軍の構成員に対する刑事裁判権について特例が認められている。

(3) **議院の自律権に属する事項**　議院における議員の懲罰、あるいは議事の定足数を欠いたかどうかの認定、議員の資格争訟の裁判等は国会や各議院の自主権に属し[2]、裁判所の審査権は及ばない。

(4) **内閣総理大臣の自由裁量に属する事項**　国務大臣の任免や国務大臣の訴追に対する同意は内閣総理大臣の自由裁量に基づくものである。

(5) **統治行為に属する事項**　統治行為とは、アメリカでは政治問題（political question）、フランスでは統治行為（acte de gouvernement）と呼ばれるものである。国家行為のうち高度の政治性を有する行為で、法的判断を行うことは可能であるが、事柄の性質上、司法審査の対象とはならないものをいう。統治行為は、公権力の発動に対する裁判的コントロールが、高度に発達した場合において初めて問題となりうる。これは、国家機関の行為のうちで、特に政治的色彩が強く裁判になじまないとみられる行為を、裁判権の及ぶ範囲外に置こうとする理論である。[3]

三　特別裁判所の禁止

「特別裁判所は、これを設置することができない」（第七六条第二項）と定める。「特別裁判所」[4]とは、通常の裁判所の系列に属さないで、特殊の事件や特定の身分をもつ人について、裁判を行う終審の裁判所である。これにあたるのが、明治憲法時代の皇室裁判所や軍法会議であり、特別裁判所として許されない。しかし、特殊の人や特殊の事件を管轄する裁判所の設置は、必ずしも違憲ではない。弾劾裁判所は、裁判官という特定の人についてのみ、管轄権を有する裁判所であり、最高裁判所を頂点とする通常裁判所の系列外にある独立の裁判所であるから、本項にいう「特別裁判所」に該当するようにみえる。だがこの「弾劾裁判所」は、憲法自体が認めている例外であるから、特別裁判所ではない。また、家庭事件や少年事件を裁判する「家庭裁判所はこの一般的に司法権を行う通常裁判所の系列に属する下級裁判所として裁判所法により設置されたものに外ならない[5]」とし特別裁判所ではないとしている。

第二節　裁判所の構成

一　最高裁判所

最高裁判所は、その長たる裁判官及び法律の定める員数その他の裁判官でこれを構成する（第七九条第一項）。最高裁判所の裁判官は、識見の高い、法律の素養のある年齢四〇年以上の者の中からこれを任命し、そのうち少なくとも一〇人は、一定の期間、法律専門家として経験をもっていなければならないとしている（裁判所法第四一条）。最高裁判所の長たる裁判官は、内閣の指名に基づいて天皇が任命し（第六条第二項）、その他の裁判官は、内閣が任命し天皇が認証する（第七条第五号）。最高裁判所の裁判官は法律の定める年齢に達したときに退官し、その年齢は七〇歳である（裁判所法第五〇条）。最高裁判所は、大法廷又は小法廷で審理及び裁判する（同第九条第一項）。大法廷は全員の裁判官で、小法廷は最高裁判所の定める員数の裁判官の合議体である（同第九条第二項）。大法廷では九人以上、小法廷の員数は、五人と定められ三人以上の裁判官が出席すれば、審理及び裁判をすることができる。事件を大法廷又は小法廷のいずれで取り扱うかについては、最高裁判所の定めるところによる。但し、次の場合には、必ず大法廷で裁判しなければならない（同第一〇条）。①当事者の主張に基づいて、法律、命令、規則又は処分が憲法に適合するかしないかを判断するとき（意見が前に大法廷でした、その法律、命令、規則又は処分が憲法に適合するとの裁判と同じであるときを除く）。②右の場合を除き法律、命令、規則又は処分が憲法に適合しないと認めるとき、③憲法その他の法令の解釈適用について、意見が前に最高裁判所のした裁判に反するときである。

二　下級裁判所

下級裁判所は、法律の定めるところにより設置され、裁判所法によると高等裁判所、地方裁判所、家庭裁判所、簡易裁判所の四種類がある。どの裁判所も独立して司法権を行使するものである。「下級裁判所の裁判官は、最高裁判所の指名した者の名簿によつて、内閣でこれを任命する。その裁判官は、任期を十年とし、再任されることができる。但し、法律の定める年齢に達した時には退官する」（第八〇条第一項）。

(1) 高等裁判所

各高等裁判所は、高等裁判所長官及び相応な員数の判事で構成する（裁判所法第一五条）。主として控訴及び抗告事件を取り扱い、例外的に上告及び第一審を扱う。原則として、三人の裁判官よりなる合議体で裁判する（同第一八条）。高等裁判所長官は、司法行政事務を行う裁判官会議の議長となる（同第二〇条第二項）。高等裁判所は、札幌・仙台・東京・名古屋・大阪・高松・広島・福岡の八カ所の都市に置かれる。

(2) 地方裁判所

各地方裁判所は、相応な員数の判事及び判事補でこれを構成する（同第二三条）。地方裁判所は、原則として一人の裁判官で事件を扱うが、特定の場合には三人の裁判官による合議体で取り扱う。地方裁判所は、各都道府県庁の所在地及び函館・旭川・釧路の各市の合計五〇カ所に置かれる。

(3) 家庭裁判所

各家庭裁判所は、相応な員数の判事及び判事補で構成する（同第三一条の二）。主として家庭事件及び少年事件を扱う（同第三一条の三）。原則として一人の裁判官で事件を取り扱うが、特別の場合は、三人の裁判官による合議体で扱う（同第三一条の四）。家庭裁判所は地方裁判所と同様、全国五〇カ所に置かれている。

(4) 簡易裁判所

各簡易裁判所は、相応な員数の簡易裁判所判事で構成し（同第三二条）少額軽微な訴訟事件について、第一審の裁判権を有する。簡易裁判所は、一人の裁判官でその事件を取り扱い、合議体で扱うことがない（同第三五条）。

第三節　司法権の独立

一　司法権独立の意義

司法権の独立という概念はいろいろ定義されるが、裁判官の職権の独立であることには、異論のないところである。真に裁判官の職権の独立が保障されるためには、裁判官の身分や地位が外部からの圧力や干渉に屈することなく、独立でなければならない。そのためには、裁判官の職権の独立は、裁判官の身分保障と不可分の関係にある。

二　裁判官の職権の独立

裁判官が、どのような事件でも厳正かつ公正な裁判を行うためには、司法権が立法権や行政権から分離、独立するとともに、外部・内部を問わず他から圧力や干渉を受けることなく、裁判官が、独立して職権を行使できるものでなければならない。憲法は、すべての司法権を裁判所に帰属せしめ、厳正な裁判の確保を図り、「すべて裁判官は、その良心に従ひ独立してその職権を行ひ、この憲法及び法律にのみ拘束される」（第七六条第三項）と規定する。これは、裁判官が、裁判するにあたって、他の誰の指示・命令にも拘束されることなく、自主的に判断することを意味する。「この良心」とは主観的な宗教上・倫理上又は政治上の意見や信念を意味するのではない[6]。裁判官が従うのは、憲法及び法律のみである。このような裁判官の職権の独立を確保するためには、裁判官の身分保障がなされなければならない。裁判官の職権の独立は、裁判官の身分保障と不可分の関係にあり、司法権の独立[7]は、裁判官の職権の独立と裁判官の身分保障の二つをその内容とする。

三　裁判官の身分保障

(1) 総　説

司法権の独立を確保するためには、裁判官の職権の独立とともに裁判官の身分が保障されなければならない。明治憲法でも、「裁判官ハ刑法ノ宣告又ハ懲戒ノ処分ニ由ルノ外其ノ職ヲ免セラルヽコトナシ」（明憲第五八条第二項）と定められ、裁判官の身分の保障がなされていた。日本国憲法は、「裁判官は、裁判により、心身の故障のために職務を執ることができないと決定された場合を除いては、公の弾劾によらなければ罷免されない。裁判官の懲戒処分は、行政機関がこれを行ふことはできない」（第七八条）と定めている。また、裁判所法は、「裁判官は、公の弾劾又は国民の審査に関する法律による場合及び別に法律で定めるところにより心身の故障のために職務を執ることができないと裁判された場合を除いては、その意思に反して、免官、転官、転所、職務の停止又は報酬の減額をされることがない」（裁判所法第四八条）、と定めている。裁判官の身分は、以上のように憲法によって厚く保障されているが、次の場合には罷免される。

(2) 裁判官の罷免

(1) 執務不能の裁判による場合

裁判官は、裁判により、心身の故障のために職務を執ることができないと決定された場合には、罷免される（第七八条、裁判所法第四八条）。この決定は、訴訟手続きによってなされることが必要である。訴訟手続きによることが決定を担保することになるからである。裁判の手続きについては裁判官分限法によって定められている。「職務を執ることができない」とは、本来の裁判官としての職務を執ることができないということである。

(2) 公の弾劾

裁判官は、公の弾劾によって罷免される（第七八条）。憲法は、「国会は、罷免の訴追を受けた裁判官を裁判するため、両議院の議員で組織する弾劾裁判所を設ける」（第六四条第一項）と規定し、この弾劾に関する事項は、法律で定めるようにしている（第六四条第二項）。弾劾による事由は、職務上の義務に著しく違反し、または職務を甚だしく怠ったこと、その他職務の内外を問わず、裁判官としての威信を著しく失うべき非行があったことである（裁判官弾劾法第二条）。弾劾裁判所の構成は、各議院でその議員の中から選挙された各七名の裁判員で組織される（国会法第一二五条第一項、裁判官弾劾法第一六条第一項）。弾劾裁判所は、罷免の訴追があって裁判をするが、その訴追をなす機関が訴追委員会であり、それは各議院の議員の中から選挙された各一〇人の訴追委員で組織される（国会法第一二六条第一項、裁判官弾劾法第五条第一項）。訴追委員は、独立してその職務を行う。裁判官は、罷免の裁判の宣告により罷免される（裁判官弾劾法第三七条）。

⑶　**最高裁判所裁判官の国民審査**　最高裁判所の裁判官には、執務不能の裁判、公の弾劾以外に国民審査という制度がある。「最高裁判所の裁判官の任命は、その任命後初めて行はれる衆議院議員総選挙の際国民の審査に付し、その後十年を経過した後初めて行はれる衆議院議員総選挙の際更に審査に付し、その後も同様とする」（第七九条第二項）。審査については法律で定めるが、この法律として、最高裁判所裁判官国民審査法がある。この国民審査の制度は、最高裁判所の裁判官という、司法権の最高の地位にある裁判官の選任を、民主的に行うため憲法第一五条の公務員選定罷免権から派生するものである。審査の投票は、有効投票中、罷免を可とする投票が罷免を可としない投票より多い場合は、その裁判官は罷免を可とされた者と決せられる。但し、投票総数が、第八条の選挙人名簿に登録されている者の総数の一〇〇分の一に達しないときは、この限りではない（国民審査法第三二条）。しかし、この制度については、一部に疑問視する意見もある。白票を投じた者の取扱いにつき、判例は国民審査について、この制度の実質は、いわゆる解職の制度とみることができるから、白票は罷免を可としない票に数えても思想・良心の自由に反しないとする[8]。

⑶　裁判官の懲戒

裁判官の懲戒処分は、行政機関がこれを行うことはできない（第七八条後段）。これは司法権の独立を確保するために、行政権からの不当な侵害を防止するためである。ここでは、懲戒処分を行政権とだけ規定しているが、立法権についても当然のことといえる。裁判官の懲戒処分は裁判所の自律によるが、裁判所法は、「裁判官は、職務上の義務に違反し、若しくは職務を怠り、又は品位を辱める行状があつたときは、別に法律で定めるところにより裁判によつて懲戒される」（裁判所法第四九条）と定める。

(4) 裁判官の報酬

裁判官は、すべて定期に相当額の報酬を受ける。この報酬は在任中、これを減額することはできない(第七九条第六項・第八〇条第二項)。これは、裁判官の職務の重要性と地位を考慮して、金銭的な不利益による裁判の中立性、公正性が害されないようにして、司法権の独立を確保するものである。

(5) 裁判官の定年

裁判官は、法律の定める年齢に達したときに退官する(第七九条第五項・第八〇条第一項)。裁判所法は、最高裁判所の裁判官は年齢七〇年、高等裁判所、地方裁判所又は家庭裁判所の裁判官は年齢六五年、簡易裁判所の裁判官は年齢七〇年を定年とする(裁判所法第五〇条)。

第四節　違憲法令審査権

一　総　説

国の最高法規である憲法に反する法律、命令その他の国家行為は効力がない(第九八条第一項)。また、すべての国家機関は、憲法を尊重し擁護する義務を負う(第九九条)。しかし、このような規定があるにも拘らず、憲法違反の行為が行われる場合がある。憲法が最高法規として担保するための保障として、国家行為が憲法に適合するかしないかを審査して、その有効か無効かを決定する必要がある。そのために憲法は、司法的審査制度として裁判所に違憲法令審査権を与えたのである。

二　司法的審査権

「最高裁判所は、一切の法律、命令、規則又は処分が憲法に適合するかしないかを決定する権限を有する終審裁判所である」（第八一条）。これは、裁判所に国家行為の合憲・違憲の審査権を付与したものである。この違憲審査権の本質については見解が分かれる。まず、第一説は、憲法第八一条は、裁判所が具体的な訴訟事件を裁判するにあたって、その事件に適用すべき法律が、違憲であるかどうかを審査する権限が認められたものである。すなわち、違憲審査権は、具体的訴訟事件に対する、司法権の行使に付随して行使されるものであるとする説。付随的審査制、あるいは具体的審査制とも呼ばれるものである。アメリカの判例法によって、確立された制度である。これに対し、第二説は、西ドイツ型で裁判所は、具体的訴訟事件が提起されていない場合でも、一般的、抽象的に法令の違憲審査をすることができるとする説である。抽象的違憲審査制、あるいは憲法裁判所と呼ばれる。第三説によると、憲法第八一条は、最高裁判所に抽象的違憲審査権を与えることを禁止していないから、法律によって最高裁判所に憲法裁判所の権能を与えることも可能であるとする説である。わが国の判例・通説は、第一説の見解を採用し、裁判所は具体的な訴訟事件と関係なく、抽象的に法令の違憲審査をする憲法裁判所ではない、という考えを一貫している。最高裁判所も、警察予備隊違憲訴訟(9)で、「わが現行の制度の下においては、特定の者の具体的な法律関係につき紛争の存在する場合においてのみ裁判所にその判断を求めることができる」とし、「裁判所がかような具体的事件を離れて抽象的に法律命令等の合憲性を判断する権限を有するとの見解には憲法上および法律上何等の根拠も存しない」と判示している。また、苫米地訴訟(10)でも、衆議院の解散を「極めて政治性の高い国家統治の基本に関する行為」であるとして、司法審査の対象外であるとした。

三　違憲審査の対象

審査の対象は、「一切の法律、命令、規則又は処分」であるとしている。この法律とは、形式的意味の法律をいう。命令とは、行政機関によって制定される一般的抽象的な法規範をいう。規則とは、両議院の制定する議院規則、最高裁判所規則及びその委任を受けた下級裁判所規則、会計検査院規則、人事院規則等をいう。処分とは、個別的、具体的な法規範を定める法形式をいい、立法機関、行政機関、司法機関等のすべての国家機関の処分を含む。

裁判所の裁判が憲法で定める処分に含まれるかどうかについては、学説は分かれる。第一説は、裁判所の裁判はこの処分に含まれないとする。第二説は、裁判所の裁判はこの処分に含まれるとする。最高裁の判例は、第二説を採用している。

条約が違憲審査の対象になるかどうかである。憲法第八一条には、条約の事項が列挙されていなく、第九八条第一項にも条約について規定はない。しかし、第二項で条約の遵守を規定している。このことが条約について違憲審査権が及ぶかどうか問題となり、学説も分かれる。

⑴　**肯定説**　条約にも違憲審査権が及ぶとする肯定説は、①条約は憲法第八一条に規定されていないが、「法律」、「命令」「規則」、「処分」の中に含まれるとする、②違憲審査権が憲法の最高法規性の保障と基本権の保障をもつことを考慮し、条約は例外ではないとする、③国内法的効力についても及ぶとするなどがあげられる。

(2) **否定説**　否定説は[11]、憲法と条約は別の法体系であるとする二元論、一元論に立ち条約が憲法より優位であるとする見解はこれを否定する。その他否定説は、①第八一条に条約が列挙されていないこと、②条約は国家間の合意により締結され、高度の政治性を有するという特殊性を有することから審査の対象にならない。③第九八条第一項で条約を掲げていなく、第二項で条約の遵守を規定している等をあげる。条約の違憲審査について、最高裁は、砂川事件の判決で、「主権国としてのわが国の存立の基礎に極めて重大な関係をもつ高度の政治性を有するもの」であって、「その内容が違憲なりや否やの法的判断は、その条約を締結した内閣およびこれを承認した国会の高度の政治的ないし自由裁量的判断と表裏をなす点がすくなくない」とした上で、「一見極めて明白に違憲無効であると認められない限りは、裁判所の司法審査権の範囲以外のものである」と判示した[12]。

警察予備隊違憲訴訟

日本社会党の代表者であった鈴木茂三郎が、警察予備隊の設置、維持に関する一切の行為の無効確認を求めて、最高裁判所に提訴した事件である。最高裁判所は、訴えを却下して次のように判示した。「わが裁判所が現行の制度上与えられているのは司法権を行う権限であり、そして司法権が発動するためには具体的な争訟事件が提起されることを必要とする。わが裁判所は具体的な争訟事件が提起されていないのに将来を予想して憲法及びその他の法律命令等の解釈に対し存在する疑義論争に関し抽象的な判断を下すごとき権限を行い得るものではない。けだし最高裁判所は法律命令等に関し違憲審査権を有するが、この権限は司法権の範囲内において行使されるものであり、この点においては最高裁判所と下級裁判所との間に異なるところではないのである」（憲法七六条一項参照）。憲法八一条は、「最高裁判所を憲法に関する事件について終審的性格を有することを規定したものであり、従って最高裁判所が固有の権限として抽象的な意味の違憲審査権を有すること並びにそれがこの種の事件について排他的なすなわち第一審にして終審としての裁判権を有するものと推論することを得ない」。「なお最高裁判所がXの主張するがごとき法律命令等の抽象的な無効宣言をなす権限を有するものとするならば、何人も違憲訴訟を最高裁判所に提起することにより法律命令等の効力を争うことが頻発し、かくして最高裁判所はすべての国権の上に位する機関たる観を呈し三権独立し、その間に均衡を保ち、相互に侵されざる民主政治の根本原理に背馳するにいたる恐れなしとしないのである」。「要するに具体的争訟事件について裁判所に判断を求めることができるのであって、具体的事件を離れて裁判所は抽象的に法律命令等の合憲性を判断する権限及び法令上何等の根拠も有しない」と判示した。

苫米地事件判決

昭和二七年八月二八日に吉田内閣は、衆議院の抜き打ち解散を行った。当時、衆議院議員の苫米地義三は、この解散の違憲無効を主張して任期満了までの歳費を要求して提訴したものである。第一審と控訴審は、被告側国の統治行為の主張を認めず、解散の合憲性について第一審は、内閣の助言がなかったという理由で解散そのものを違憲無効と判断し、苫米地の請求を認めた。これに対し、控訴審は内閣の助言と承認はあったものと解して、第一審の判決を取り消し、苫米地の請求を棄却した。そこで苫米地が上告したものである。上告審判決では、衆議院の解散は、極めて政治性の高い国家行為であるとし、その有効無効を判断することは司法権の審査の対象とはならないとした。そして、判決は、「わが憲法の三権分立の制度の下においても、司法権の行使についておのずからある限度の制約は免れないのであって、国家行為が無制限に司法審査の対象となるものと即断すべきでない。直接国家統治の基本に関する高度に政治性のある国家行為のごときはたとえそれが法律上の争訟となり、これに対する有効無効の判断が法律上可能である場合であっても、かかる国家行為は裁判所の審査権の外にあり、その判断は主権者たる国民に対して政治責任を負うところの政府、国会等の政治部門の判断に委され、最終的には国民の政治判断に委ねられているものと解すべきである」。

四　違憲判決の効力

裁判所が違憲審査権を行使し、ある法令が憲法に適合しないと判決した場合に、その判決の効力が問題となる。これについては、一般的効力説と個別的効力説に分かれる。

(1) **一般的効力説**　裁判所によって、ある法令が違憲と判断された場合には、その法令の効力は、一般的に失われるとするのが一般的効力説である。この説は、裁判所によって違憲とされた法令が、他の関係で依然として効力を有するとすれば、訴訟で争った者だけが、法令の適用を受けないという不公平が生じることを理由とする。第八一条の裁判所の違憲審査権の性格を、一般的・抽象的に法律が違憲か否かを審査する憲法裁判所と解するのである。

(2) **個別的効力説**　違憲と判断された法令は、当該事件については無効として適用されないが、一般的には無効とはならないとする。第八一条の違憲審査権は、具体的争訟の裁判に付随して行使されるものであり、その違憲の判断も当該訴訟の当事者だけに及ぶとする。

以上のように、違憲判決の効力は二つに分かれるが、第八一条の裁判所の違憲審査権の性質が、具体的争訟事件の裁判に付随して行われるものであり、その法律が違憲であるからその事件に関しては適用されない、ということになる。また、一般的効力説を採り法律の効力を失わせれば、法律を廃止することに等しく、裁判所の消極的立法作用を是認することになり、国会が国権の最高機関であり、唯一の立法機関とする憲法第四一条の趣旨に矛盾することになる。このことを考えると個別的効力説が正当である。

五　憲法判断の方法

(1)　**憲法回避の判断**　違憲審査権は、具体的争訟の裁判に付随して行使する付随的違憲審査制では、個別の事件に法を適用して、裁判所が解決することになる。しかし、憲法上の争訟に憲法判断をすることなく、事件の解決が可能となれば、敢えて憲法判断をせずに訴訟の結論を導き出すことができる。これが「憲法判断回避の準則」といわれるものである。

この「憲法判断回避の準則」は、アメリカの判例によって形成された理論である。わが国の判例では、反戦自衛官事件差戻し第一審判決[13]、恵庭事件判決[14]、百里基地訴訟控訴審判決[15]等がその例である。

(2)　**法令違憲と適用違憲**　違憲判断の方法は、一般的に法令違憲と適用違憲の二つに分けて説明される。法令違憲とは、当該事件で争われている法令そのものを違憲とする方法である。適用違憲[16]は、当該法令そのものは合憲であるが、当該事件の当事者に適用される限度において、違憲と判断する方法である。適用違憲の方法による具体例は、猿払事件第一審判決（旭川地裁昭和四三・三・二五下級刑集一〇巻三号二九三頁）がある。国家公務員法第一一〇条第一項第一九号は適用される限度において、同号が憲法第二一条及び第三一条に違反するもので、これを被告人に適用することができない、とした。

(3)　**運用違憲**　運用違憲の方法は、法令の運用のあり方を憲法上問題として、違憲の運用が行われている場合、その一環として採られた当該処分は違憲であるとする方法である。

この運用違憲の方法の例として、東京都公安条例事件（東京地判昭和四二・五・一八判時四八二号二五頁）がある。

東京都公安条例そのものは合憲と解し、同条例の集団行動の条件付き許可処分の運用の実態を詳細に検討し、次のような判決をしている。「条件付き許可処分に関する都公安委員会の運用は、総括的にみて手続及び内容において著しく取締りの便宜に傾斜し、憲法の保障する集団行動としての表現の自由を事前に抑制するものとして最小限度の域を超えており、かかる運用の一環として流失したともいうべき、本件条件付許可処分は、憲法二一条に違反しその瑕疵が重大かつ明白であって、違憲、無効であると認めざるをえない」。

(4) **合憲解釈**　合憲解釈とは、違憲性が争われている法律について、複数の解釈が可能である場合にある解釈をすれば、当該法律が違憲となり他の解釈を採れば合憲となる場合には、憲法上、問題のない解釈の方法を採用する方法である。

第五節　裁判の公開

一　裁判公開の原則

「裁判の対審及び判決は、公開法廷でこれを行ふ」(第八二条第一項)とし、裁判の公開の原則を定める。これは、裁判が秘密裡に行われることなく、公開して公正な裁判が行われることを保障して、裁判に対する国民の信用を得るためである。「対審」とは、裁判官の面前で行われる事件の審理及び原告と被告との弁論である。民事訴訟法における口頭弁論及び刑事訴訟法における公判手続きがそれである。「判決」とは、事件についての裁判所の判断をいう。「公開」とは、国民が裁判を傍聴することを認めることである。傍聴の自由は、公正な裁判の運営を妨げる行為にまで保障するものではない。したがって、法廷内の秩序を維持するために、それを乱す者に対し入場を禁止し、退廷を命じることは公開の原則に反するものではない。判例は、公開といえども「本条は、裁判を一般に公開して裁判が公正に行われることを制度として保障するが、各人が裁判所に対して傍聴することを権利として要求できることまでを認めたものではないことはもとより、傍聴人に対して法廷でメモを取ることを権利として保障しているものでもない」とする。[17] しかし、判決は、必ず公開の法廷で行わなければならない。[18]

二　公開の停止

「裁判所が、裁判官の全員一致で、公の秩序又は善良の風俗を害する虞があると決した場合には、対審は、公開しないでこれを行ふことができる」（第八二条第二項）。公開の停止が、認められるのは裁判の対審のみであり、判決は、絶対に公開しなければならない。但し、政治犯罪、出版に関する犯罪、または憲法第三章で保障する国民の権利が、問題となっている事件の対審は、常にこれを公開しなければならない。憲法第八二条第一項では、裁判の原則を定め、第三七条で刑事事件について公開裁判を受ける権利を保障し、第三二条で裁判所において裁判を受ける権利を保障している。これらの規定は、公開の法廷で対審及び判決を受ける権利が、国民に保障されていることを意味するものである。証人の遮へい、ビデオリンク方式による証人尋問を定める刑訴法第一五七条の三、及び第一五七条の四の各規定が、憲法違反ではないかとの訴えに対し、最高裁判所は、「証人尋問が公判期日において行われる場合、傍聴人と証人との間で遮へい装置が採られ、あるいはビデオリンク方式によることとされ、さらには、ビデオリンク方式によった上で傍聴人と証人との間で遮へい装置が採られても、審理が公開されていることに変わりはないから、これらの規定は、憲法八二条一項、三七条一項に違反するものではない」と判示している。(19)

(1) 最大判昭和二七・一〇・八民集六巻九号七八三頁。
(2) 警察法改正無効事件では、新警察法の成立に向けた審議の際、野党の強硬な反対で議場が混乱し可決されたがその議決が無効ではないかと争われた。最高裁判所は、「両院において議決を経たものとされ適法な手続きによって公布されている以上、裁判所は両院の自主性を尊重すべく同法制定議事手続に関する所論のような事実を審理してその有効無効を判断すべきでない」と判示した（最大判昭和三七・三・七民集一六巻三号四四五頁）。
(3) 橋本・前掲書五七五頁。
(4) 明治憲法時代の貴族についてのみ管轄権を有する貴族院裁判所も特別裁判所に該当する。
(5) 最大判昭和三一・五・三〇刑集一〇巻五号七五六頁。
(6) 宮沢・前掲書六〇五頁。
(7) この司法権の独立が侵害された事件として大津事件がある。この事件は、明治二四年五月一一日、滋賀県大津市で来遊中のロシア皇太子を津田三蔵巡査が襲い傷害を負わせたもので、政府は、ロシアとの外交問題の発展になるのを怖れ、大審院に皇室に対する罪を適用して、死刑判決を科すよう担当裁判官に働きかけたが、当時の大審院長であった児島惟謙は、この圧力に屈することなく、津田三蔵に無期徒刑の判決を科した。また、昭和四四年の札幌地方裁判所における長沼ナイキ基地訴訟の裁判は審理中に平賀健太所長が審理担当の福島重雄裁判官に対し、書簡を送り、自衛隊の違憲判断を回避するように指示したものである。管理職にある裁判官が、係争中の事件の担当裁判官に対し、判決内容に指示を出し干渉することは、いずれも裁判官の独立を侵害するものである。
(8) 最大判昭和二七・二・二〇民集六巻二号一二二頁。
(9) 最大判昭和二七・一〇・八民集六巻九号七八三頁。
(10) 最大判昭和三五・六・八民集一四巻七号一二〇六頁。
(11) 橋本教授は、条約に違憲審査権が及ぶかどうかは、憲法の規定の仕方とその解釈によって決定すべきであり、憲法の条約に対する優位だけで決定すべきでなく、一般論として違憲審査権は条約に及ばないとする。その理由を①第八一条は、「一切の法律、命令、規則又は処分」を掲げ、条約を掲げていない。②第九八条第一項もまた条約を掲げず、かえって第二項では条約を誠実に遵守すべき旨を定めている。③法律や命令が一国の意思によって成立するのと異なり、条約は複数国家の意思の合致によって成立し、高度に政治的な性格を帯びることが多い。このような条約の特殊性から、条約には違憲審査が及ばないとする（橋本・前掲書五八六頁）。

(12) 最大判昭和三四・一二・一六刑集一三巻一三号三二二五頁、判時二〇八号一〇頁、判タ九九号四二頁。

(13) 新潟地判昭和五六・三・二七判時一〇〇二号六三頁。

(14) 札幌地判昭和四二・三・二九下級刑集九巻三号三五九頁。

(15) 東京高判昭和五六・七・七判時一〇〇四号三頁。また、最判平成元・六・二〇民集四三巻六号三八五頁は、第九条は、その憲法規範として有する性格上、私法上の行為の効力を直接規律することを目的とした規定ではなく、国の私法上の行為に対して直接適用されないと解するのが相当であるとし、また第九条は優れて公法的な性格を有する規範であるから、そのままの内容で民法第九〇条にいう「公の秩序」の内容を形成するのではなく私法的な価値秩序のもとにおいて、社会的に許容されない反社会的な行為であるという社会の一般的な観念として確立して初めて公序違反として無効になるとし、自衛隊基地建設のための土地の売買契約は無効とはならないとし、第九条の内容については判断を回避したのである。

(16) 東京地判昭和四六・一一・一行例集二二巻一一号一七五五頁。

(17) 最高裁は、法廷メモ採取事件判決で憲法第八二条によって「裁判の公開が制度として保障されていることに伴い、各人は裁判を傍聴することができる」、しかし、そのことは、「各人が裁判所に対して傍聴することを権利として要求することを認めたものではない」、また、「傍聴人に対して法廷でメモを取ることを権利として保障しているものでもない」（最判平成元・三・八民集四三巻二号八九頁）と判示している。

(18) 最大判平成元・三・八民集四三巻二号八九頁。

(19) 最判平成一七・四・一四刑集五九巻三号二五九頁、判時一〇〇四号一五〇頁、判タ一一八七号一四七頁。

第九章　地方自治

一　総　説

地方自治が、民主制にとって不可欠の要素であることはいうまでもない。明治憲法は、地方自治について何一つ規定されていなく、憲法上の制度的保障もなかった。地方自治制は、皆無ではなく市制、町村制、府県制が法律によって設けられ、これに基づいて地方自治が行われていた。しかし、その権限には制約が伴い、中央集権的な官治行政が強く不完全なものであった。その後、明治憲法下の地方自治制は、近代化の方向へと進んでいった。終戦後、民主政治を実現するには、地方自治を確立することが最も重要であると考え、日本国憲法第八章に地方自治に関する章を設け、四カ条の条文から成る基本原則を規定した。

二　地方自治の本旨

「地方公共団体の組織及び運営に関する事項は、地方自治の本旨に基いて、法律でこれを定める」（第九二条）と規定し、地方自治を制度的に保障している。この地方自治の本質が何であるかについては、憲法は明確に規定していなく学説の分かれるところである。地方自治の本旨とは、住民自治と団体自治の二つの要素からなる近代的自治の原則を意味する。「住民自治」とは、地方の行政は、その地方の住民の意思によって行うということであり、「団体自治」とは、国家の中の一定地域の団体が、国から独立して組織、運営されることである。このように地方自治は、住民自治と団体自治の二つからなり、憲法が保障する地方自治は、この住民自治と団体自治の基本原則を侵害してはならないことを意味する。これが近代国家が求める地方自治である。地方公共団体の組織及び運営は、法律で定めることになっているが、この法律は地方自治法である。憲法は地方公共団体の存在を認めており、この地方公共団体の種類及び範囲について、特に規定せず法律に委ねている。地方自治法は、普通地方公共団体と特別地方公共団体とに分けて、前者は都道府県及び市町村として、後者は特別区、地方公共団体の組合、財産区及び地方開発事業団がある（地方自治法第一条の三）。これらの中、普通地方公共団体である都道府県及び市町村が、憲法上の地方公共団体とされる。

三　地方公共団体の機関

「地方公共団体には、法律の定めるところにより、その議事機関として議会を設置する」（第九三条第一項）とし、第二項で「地方公共団体の長、その議会の議員及び法律の定めるその他の吏員は、その地方公共団体の住民が、直接これを選挙する」と定める。普通地方公共団体の議会は、議事機関とされ条例の自主制定に限らず、広範囲に地方公共団体の行政について、住民の代表機関として意思決定する権能を有する。しかし、議会ではなく有権者全員による総会を設けることは、憲法の禁止するところではなく、むしろ地方自治の本旨に合致すべきことである。議員の被選挙資格は、地方公共団体の議会の議員の選挙権を有する者で、年齢満二五年以上の者とされ（公職選挙法第一〇条第一項第三号・第五号、地方自治法第一九条第一項）、議員の任期は四年であり、（地方自治法第九三条）、衆・参両議院議員及びその他、地方議会の議員、地方公共団体の常勤職員等との兼職は禁止されている（地方自治法第九二条）。地方公共団体には、最高の執行機関として長が置かれる。地方公共団体の長である都道府県知事、市町村長は住民によって直接選挙される。長の被選挙資格は、知事は日本国民で満三〇歳以上の者、市町村長は日本国民で満二五歳以上の者とされている（公職選挙法第一〇条、地方自治法第一九条）。

四　地方公共団体の権能

第九四条は、「地方公共団体は、その財産を管理し、事務を処理し、及び行政を執行する権能を有し、法律の範囲内で条例を制定する」と定める。これは団体自治の観念を具体化したものであり、地方公共団体が有する権能を明確にしたものである。

①自治行政権の内容として抽象的であるが、財産の管理、事務の処理、行政の執行の機能を定めている。「財産を管理」するとは、動産、不動産等の財産の取得、維持、利用、処分をいう。「事務を処理」するとは、地方公共団体の一般の事務処理、公益事業の経営の非権力的作用をいい、「行政を執行する」とは、課税権、警察権等の権力作用をいう。地方公共団体の事務は、従来の中央集権的な行政組織を改めて、国と地方との関係を対等にそして協力関係に置き機関委任事務を廃止した。そして、地方公共団体の事務は「自治事務」と「法定受託事務」の二つに

区別された。自治事務とは、地方公共団体が処理する事務のうち、法定受託事務以外のものをいう（地方自治法第二条第八項）。法定受託事務とは、本来、国や都道府県が行うべきものであるが、その適正な処理を特に確保する必要があるため法律やそれに基づく政令によって、地方公共団体に処理を委任する事務のことである（同第二条第九項）。

②地方公共団体は、法律の範囲内で条例を制定することができる。これは、地方公共団体の自治立法権を制度的に保障したものである「条例」とは、地方公共団体が自治立法権に基づいて制定する法をいう。これには地方公共団体の議会が制定する条例と地方公共団体の長が制定する規則、及び委員会の制定する規則がある。

第一〇章　国法の諸形式

第一節　憲法改正

一　憲法改正の意味

わが国の最高法規、あるいは根本法と呼ばれる日本国憲法も永久不変のものではない。時代の経過、変化と共に憲法もこれに適応できるものでなくてはならない。しかし、どうしても時代に適応できなくなり、改正の必要が生じた場合には、それが認められなければならない。しかし、憲法改正をするには、その改正理由と条項のどの個所を、どのように改正するか、といった趣旨を国民に提案し国民的議論を充分行い、また国会でも慎重に議論すべきである。憲法改正は、通常の法律とは異なり、その改正を非常に困難にしている。それは、国の最高法規である憲法が、通常の法律と同様に改正できるとすると、国法の最高法規である特性もなく、不安定なものになるからである。憲法改正とは、憲法の定める改正手続きに従って、成典憲法中の条項の修正、削除及び追加をする行為である。

二　改正手続き

第九六条は、憲法の改正手続きを規定し、その手続きは国会による発議と国民の承認という二段の手続きを採用している。

(1) 国会の発議

憲法の改正は、各議院の総議員の三分の二以上の賛成で、国会が、これを発議する（第九六条）。憲法改正の発議をするためには、いずれかの議院で、その発案がなされなければならない。この発案権は、議員にあることは当然である。問題は内閣にも発案権があるかどうかである。これについては、見解が分かれる。①内閣にも発案権があるとする説、②法律案の提出権は有するが、憲法改正の発議権はないとする説、③法律案の提出権も憲法改正の発案権もないとする説等がある。憲法や内閣法に憲法改正の発議に関する明文の規定がないことから、それを禁止する意味ではない。仮に内閣の発案権を認めても議決するのは国会であり、別に審議権を害することにもならない。以上を考えると③の説が妥当である。

(2) 審議・議決

憲法改正の審議については、憲法には特別の規定(1)もなく、一般の議案に準じて取り扱うことになる。憲法改正の発議については、特別多数が必要になる。すなわち、衆議院、参議院の各々総議員の三分の二以上の賛成が必要である。ここの総議員とは、議院の定数をいうと解すべきである。また、定員から欠員を引いた現在員であるとする考え方もある。しかし、議院の定数とすることにより、常に数が一定している利益があり、死亡などの欠員は議決の当時、必ずしも明確でない場合もあり、議員の定数と解すべきであろう。

憲法の改正要件を厳格にしたのは、改正を困難にし、むやみに改正することを防止しようとする意味が考えられる。

(3) 国民の承認

憲法改正の発議がなされると、国民に提案してその承認を得なければならない。第九六条第一項によると発議と提案とを区別し、二つの行為が必要のようにみえるが別個の行為ではない。各議院の総議員の三分の二以上の賛成で、憲法改正案が可決したときに国会の発議が成立する。次に、憲法改正手続きの第二段階の国民の承認である国民投票が行われる。この国民の承認は、「特別の国民投票又は国会の定める選挙の際行はれる投票において、その過半数の賛成を必要とする」(第九六条第一項)。ここでいう過半数とは、総投票の過半数であるか、それとも有効投票の過半数であるか争いがあった。有効投票の過半数であるとするのが通説であった。その後、二〇〇七(平成一九)年に「日本国憲法の改正手続きに関する法律」が制定され、三年後の二〇一〇(平成二二)年五月一八日から施行された。それによると、投票総数の二分の一を超えたとき国民の承認があったとされる。その場合の投票総数とは、憲法改正案に対する賛成の投票の数及び反対の投票の数を合計した数とされている(国民投票法第九八条第二項)。

(4) 公　布

憲法改正について、国民の承認を得たときは、「天皇は、国民の名で、この憲法と一体を成すものとして、直ちにこれを公布する」(第九六条第二項)。憲法改正は、国民投票により国民の承認を得たときは、確定的に成立する。公布は、内閣の助言と承認によって天皇がこれを行うのである。「国民の名」で行うとは、改正権者である国民の意思による改正であることを明確にする意味である。

三　改正の限界

憲法改正権は、全体としての憲法の同一性及び継続性が守られるという前提の下においてのみ、憲法の条項の修正・削除・追加をなしうるものである[2]。そこで、この憲法改正手続きに従えば、いかようにも改正できるのか、それとも一定の限界があるのか、といった問題がある。これについて学説は、①憲法改正権について、何らの法的限界はない。憲法改正手続きに従えば、いかなる内容の改正も可能であるし、憲法上、明文で改正禁止規定があっても、その禁止規定自体を改正し、結局は改正ができるとする無限界説、②憲法改正権については法的限界がある。改正手続きによっても、憲法の改正には基本原理を否定できず、一定の限界があるとする限界説に大別される。限界説が今日の通説である。これは、憲法改正をどのような意味に捉えるかということである。憲法の改正限界説の理論的根拠は、「自然法論的限界説」と「法実証主義的限界説」の二つの考え方がある[3]。日本国憲法における憲法制定権力の主体は、主権の保持者である国民である。この基本原理は変えることはできず、憲法改正権によって、この基礎となっている憲法制定権力を動かすことは許されない。したがって、この憲法改正手続きによって、主権者の有する憲法制定権力を排除するような改正は、憲法の破壊であり革命でもあり決して許されない。憲法の改正は、憲法の同一性を維持しながら変更するものであり、憲法の基礎となっている基本原理は変更できない。それは具体的に何であろうか。これについても争いがある。日本国憲法は、国民主権主義の原理に基づいている。この基本的な原理を憲法改正によって、否定することは許されない。国民主権主義が、憲法改正の限界と解すれば、そこから論理必然的に派生する基本的人権の尊重原理も、当然、憲法改正の限界と考えなければならない。いずれにしろ、国民主権主義、基本的人権尊重主義、平和主義といった日本国憲法の基本原理は、第九六条の改正手続きによっても改正できないと解する。

第二節　法　律

一　総　説

法律という語は、実質的意味の法律と形式的意味の法律の二つに分かれる。実質的意味の法律とは、法又は法規範と同じ意味に用いられる。これに対して形式的意味の法律とは、国会の議決によって成立する成文法をいう。ここでいう法律は、この形式的意味の法律をいう。

二　成立手続き

法律の制定権者は、立法権を有する国会であり、その制定手続きは第五章第五節一で述べた。

三　法律事項

法律は国権の最高機関であり、唯一の立法機関である国会によって制定される。しかし、明治憲法下では、天皇の勅令による独立命令や緊急命令が制定されていたが、現行憲法下では、このようなものは規定されていない。法律の規定事項は、必ず法律で規定しなければならない法律事項がある。必要的法律事項と呼ばれ、次のとおりである。

①皇位継承に関する事項（第二条）
②天皇の国事に関する行為の委任に関する事項（第四条第二項）
③摂政（第五条）
④任免につき天皇の認証を要する官吏（第七条第五号）
⑤天皇の認証を要する外交文書（第七条第八号）
⑥日本国民たる要件（第一〇条）
⑦国又は公共団体の賠償責任（第一七条）
⑧教育を受ける権利（第二六条第一項）
⑨子女に普通教育を受けさせる義務（第二六条第二項）
⑩勤労者の勤労条件に関する基準（第二七条第二項）
⑪財産権の内容（第二九条第二項）

⑫納税の義務（第三〇条）
⑬刑罰を科する手続について（第三一条）
⑭刑事補償に関する事項（第四〇条）
⑮両議院の議員定数（第四三条第二項）
⑯両議院の議員及び選挙人の資格（第四四条）
⑰両議院議員の選挙に関する事項（第四七条）
⑱両議院の議員の歳費に関する事項（第四九条）
⑲両議院の議員の会期中の不逮捕特権の例外事項（第五〇条）
⑳両議院協議会に関する事項（第五九条第三項・第六〇条第二項・第六七条第二項）
㉑裁判官の弾劾に関する事項（第六四条第二項）
㉒内閣の組織に関する事項（第六六条第一項）
㉓官吏に関する事務を内閣が掌理する基準（第七三条第四号）
㉔下級裁判所の設置（第七六条第一項）
㉕最高裁判所裁判官の員数（第七九条第一項）
㉖最高裁判所裁判官の国民審査に関する事項（第七九条第四項）
㉗最高裁判所、下級裁判所裁判官の退官年齢（第七九条第五項・第八〇条第一項）
㉘会計検査院の組織及び権限に関する事項（第九〇条第二項）
㉙地方公共団体の組織及び運営に関する事項（第九二条）

㉚地方公共団体の議会の設置に関する事項（第九三条第一項）
㉛住民の直接選挙による地方公共団体の吏員（第九三条第二項）
㉜地方自治特別法の住民投票に関する事項（第九五条）

四　法律の形式的効力

法律は、国権の最高機関である国会の議決によって、制定される法形式であるから、命令、議院規則、裁判所規則、地方公共団体の議会が制定する条例よりも、形式的効力は上位にある。しかし、憲法や条約よりも下位である。

第三節　命　令

一　命令の意味及び種類

命令とは、行政機関の制定する法形式である。立法行為は原則として立法機関の権能であるが、例外的に立法機関以外にも認められている。明治憲法下では、独立命令や緊急命令等が有していたが、現行憲法では、法律の規定を執行するための執行命令と法律の委任によって発する委任命令だけを認めている。いずれの命令も形式的効力は、法律より下位にある。

二　政　　令

政令とは、行政機関である内閣が制定する命令である。政令の規定事項については、法律の規定を実施するための執行命令と法律の委任による委任命令が認められる。法律の委任とは、法律がその所管事項を定める権能を命令に委任することをいい、委任を受けた命令は、委任の限度内で法律事項を規定することができる。憲法第七三条第六号但書は、「政令には、特にその法律の委任がある場合を除いては、罰則を設けることはできない」とある。また、内閣法第一一条にも、「政令には、法律の委任がなければ、義務を課し、又は権利を制限する規定を設けることはできない」とある。法律の委任が認められるとしても、問題になるのは委任の限界である。委任の限界を明確にすることは非常に難しいが、法律の委任は立法権が国会に帰属するという憲法の原則を厳守して、個別的、具体的に限られる特別の事項についてのみ認められると解する。

三　内閣府令・省令・その他の命令

内閣総理大臣は、内閣府に係る主任の行政事務について、法律若しくは政令を施行するため、または法律若しくは政令の特別の委任に基づいて、内閣府の命令として内閣府令を発することができる（内閣府設置法第七条第三項）。各省大臣は、分担管理する主任の行政事務について、法律若しくは政令を施行するために、または法律若しくは政令の特別の委任に基づいて、それぞれの機関の命令として省令を発することができる（国家行政組織法第一二条第一項）。また、これらの命令は、法律の委任がなければ、罰則を設け、または義務を課し、若しくは国民の権利を制限する規定を設けることはできない（内閣府設置法第七条第四項、国家行政組織法第一二条第三項）。各委員会及び各庁の長官は、別に法律の定めるところにより、政令及び省令以外の規則その他の特別の命令を自ら発することができる（国家行政組織法第一三条第一項）。

第四節　議院規則

各議院の制定する法形式をいう。「両議院は、各々その会議その他の手続及び内部の規律に関する規則を定めることができる」（第五八条第二項）。国会を構成する各議院が、会議手続き及び内部規律について、国民の代表機関として独立して、自主的に制定する自律権が認められることが必要である。この規則として衆議院議員規則、参議院議員規則、参議院緊急集会規則等がある。議院規則は、各議院の議決で成立し、議院内部にのみ効力を有するが、議員、国務大臣、政府委員、公述人、参考人等にも及ぶ。議院規則と法律との効力が問題となるが、議院規則は、各議院の議決で制定するのに対し、法律は国会の議決で制定するものであるから、形式的効力は法律より劣る。

第五節　最高裁判所規則

「最高裁判所は、訴訟に関する手続、弁護士、裁判所の内部規律及び司法事務処理に関する事項について、規則を定める権限を有する」（第七七条第一項）と定める。これは、憲法が、国会を唯一の立法機関であるとする原則に対する例外である。それは、権力分立による司法権の独立を確保し、司法権の最高の地位にある最高裁判所に対して、司法内部の統率と監督の権限を強化しようとするものである。規則は、最高裁判所が、裁判官会議によって制定する（裁判所法第一二条）。規則は、官報で公布される。「最高裁判所は、下級裁判所に関する規則を定める権限を、下級裁判所に委任することができる」（第七七条第三項）。

規則で定めることができる事項は、「訴訟に関する手続、弁護士、裁判所の内部規律及び司法事務処理に関する事項」である。また、規則事項は、裁判所内部の職員だけではなく、規定内容によっては、一般人に対しても拘束する場合があり、検察官も従わなければならないことになっている（第七七条第二項）。法律と規則が抵触する場合に、いずれが優先するか両者の効力関係が問題となる。主権者である国民の代表機関であり、国権の最高機関であり、唯一の立法機関である国会で制定する法律が優先すると解する。

第六節　条　例

一　条例の意味

条例とは、地方公共団体が、自治立法権に基づいて制定する法をいう。この条例には、地方公共団体の議会が制定する条例（狭義の条例）と地方公共団体の長の制定する規則、及び長以外の各種委員会の制定する規則も含まれる。この各種委員会の制定する規則には、人事委員会規則、公安委員会規則、公平委員会規則、教育委員会規則等がある。ここでいう条例とは一般的に狭義の条例を指すのである。

二　条例制定手続き

憲法第九四条は、地方公共団体が、「法律の範囲内で条例を制定することができる」と規定して、憲法の授権により地方公共団体に自治立法権があることを保障している。狭義の条例は、普通地方公共団体がその議会の議決によって制定する（第九六条）。条例は、「法律の範囲内で」制定できるが、憲法第九四条の法律は、憲法第九二条の「地方自治の本旨」による制約を受け、これに反してはならないのである。条例の制定、改廃については、住民の直接請求が認められている。すなわち、普通地方公共団体の議会の議員及び長の選挙権を有する者は、政令の定めるところにより、その総数の五〇分の一以上の者の連署をもって、その代表者から、普通地方公共団体の長に対し、条例の制定又は改廃の請求をすることができる（地方自治法第七四条第一項）。その請求があったときは、当該地方公共団体の長は、直ちに請求の要旨を公表しなければならない（同第七四条第二項）。また、その長は、その請求を受理した日から二〇日以内に議会を招集し、意見を附けてこれを議会に付議し、その結果を請求者の代表者に通知しなければならない（同第七四条第三項）。条例の制定又は改廃の議決があったときは、その日から三日以内にこれを長に送付しなければならない（同第一六条第一項）。長はその送付を受けると、その日から二〇日以内にこれを公布しなければならない（同第一六条第二項）。

普通地方公共団体は、法令に特別の定めがあるものを除く他、その条例中に、条例に違反した者に対し、二年以下の懲役若しくは禁錮、百万円以下の罰金、科料若しくは没収又は五万円以下の過料を科する規定を設けることができる（同第一四条第三項）。

三　条例制定権の範囲と限界

憲法第九四条により、地方公共団体は、「法律の範囲内で条例を制定できる」と規定し、地方公共団体の自治権に基づき自治立法権があることを保障している。憲法第九四条の法律は、第九二条の「地方自治の本旨」の制約を受け、これに反するものであってはならない。

条例制定権の範囲は、地方公共団体の権能に属する事務に関する事項であり、自治事務の範囲に限定されるから、国が規定する事項については及ばない（地方自治法第一四条第一項）。また、条例制定権は、法律に反してはならない。地方公共団体は、条例制定権を有するからといって、国の法令と矛盾抵触する条例を制定することはできない。

条例は、形式的効力の点で法律や命令に劣り、法律に抵触する条例は無効となる。しかし、この考えを貫けば、すでに法律で規律している事項について、条例で定めることはできなくなり、条例制定権は極端に制限されることになる。従来は、条例で法律の基準よりも厳しい基準を定める「上乗せ条例」や、法律で規制の対象としていないものを規制する「横出し条例」で規制をすることは、法律先占論に反し許されないと解されてきた。しかし、この考えは条例制定権の範囲を狭くするということで、近年は法律の先占する領域であっても、条例制定を認めようとする傾向が強くなり、今日では多くの学説が支持している。その理由は、①公害規制が住民の生存権という人権保障を目的としており、規制の対象が営業の自由という経済的自由に関するものであること、②国の公害規制をする法令は最低基準を定めたものであり条例に上乗せすることは法令に違反しないこと、③法律で上乗せ条例を禁止することは、その法律が地方自治の本旨に反し違憲となる等があげられる。

また、「上乗せ条例」が許容されるかどうかの基準について、最高裁は、徳島市公安条例事件判決で、「両者の対象事項と規定文言を対比するのみでなく、それぞれの趣旨、目的、内容及び効果を比較し、両者の間に矛盾抵触があるかどうかによってこれを決しなければならない」として、条例と国の法令が同一の目的に出たものであっても、「国の法令が必ずしもその規定によって全国的に一律に同一内容の規制を施す趣旨ではなく、それぞれの普通地方公共団体において、その地方の実情に応じて別段の規制を施すことを容認する趣旨であると解されるときは、条例が国の法令に違反する問題は生じない」（最大判昭和五〇・九・一〇刑集二九巻八号四八九頁）と判示している。

第七節　条　約

一　条約の意味

条約とは、国家間の文書による合意をいう。ここにいう条約は、形式上の条約だけではなく、協定・協約・議定書・宣言・憲章といった名称のものがあるが、すべてこの条約に含まれる。しかし、単なる私法上の契約や条約を実施するため、またはその委任に基づく執行協定・委任協定などは、この条約に含まれない。条約は、国際法の法形式であるが、同時に国内法としての効力を有する場合もある。その場合は、特に国内法の制定は必要でなく、条約の公布によって、国内法としての効力を有することになる。

二　成立手続き

(1) 条約の締結

条約は国の意思を決定し、外国との合意が形成されるが、条約を締結する権能を有するのは内閣である（第七三条第三号）。条約の締結は、内閣が任命する全権委員が署名、調印し、内閣が批准することによって確定する。批准とは、条約を締結する当事者国が国家意思を最終的に確認することである。批准書の作成は内閣が行い、批准書には天皇の認証が必要である（第七条第八号）。

(2) 国会の承認

内閣が条約を締結するには、「事前に、時宜によっては事後に、国会の承認を経ることを必要とする」(第七三条第三号但書) と定める。内閣の条約締結行為に対して、国会の承認を必要としているのは、内閣の条約締結行為に国会の承認を要するのは、条約の締結を民主的コントロールの下に服さしめるためである。国会の承認は、条約を確定せしめる前後によるが、事前にとは批准の前に、全権委員の調印によって締結される場合には、調印のときに承認が必要となる。やむをえない場合に限って事後の承認が認められる。この国会の承認には、衆議院の優越が認められている (第六一条)。

ところで、内閣が締結した条約が国会の承認を得られなかった場合に、その条約の効力がどうなるかといった問題がある。それが事前に生じたのであれば、条約は成立することなく、効力も生じなく内閣は批准できないことになる。事後の承認がない場合には見解が分かれる。①第一説は、国会の承認を得られない条約は、効力を生ずることなく、先に行った調印、あるいは批准はその効力を失うとする。②第二説は、批准を要する条約は批准により、批准を要しない条約は署名により条約は成立するから、相手国においても確定的に効力を生ずるとする。しかし、条約が、国際法上の法形式であること、国際法上の効力は、国際法に従って処理されるべきであり、国内法的手続きの瑕疵により効力を喪失することは、妥当でないなどの理由により第二説が有力である。

三　条約の形式的効力

(1) 条約と法律

条約が、国内法的効力を有する場合に条約と法律の形式的効力はいずれが優先するだろうか。これは、条約が国家間の合意による契約であり、憲法が国際協調主義を採用していること。及び第九八条第二項が、「日本国が締結した条約及び確立された国際法規は、これを誠実に遵守することを必要とする」と定めており、条約の締結が、国会の承認を必要としていることから、形式的効力は条約が優位すると解する。

(2) 条約と憲法

日本国憲法が、条約の国内法的効力を肯定することについては、異論がないとしても、憲法と条約との効力関係については、条約優位説と憲法優位説とがある。条約が、国内法上どのような効力をもつかという、国際法と国内法との関係について、一元論と二元論とがある。国際法と国内法との関係を一元的に捉え、両者は同一の法体系に属すると認め、一元論を採る立場に立てば、憲法優位説と条約優位説の対立が生じる。条約優位説は、①日本国憲法が、国際協調主義に立脚していること、②憲法第八一条が、条約を違憲法令審査権の対象から除外しており、また、第九八条第一項は、憲法が国の最高法規であり、これに反する法律、命令、詔勅及び国務に関するその他の行為は無効としていること。そして、この規定に条約の文言が含まれないこと、③第九八条第二項は、日本国が締結した条約及び国際法規には誠実な遵守義務を規定していること等をあげている。しかし、条約優位説は肯定し難い。憲法優位説が正当と解する。その理由は、①憲法が国際協調主義を採っているからといって、このことから直ちに条約が、憲法より上位にあるということにはならない、②憲法第九八条第一項が条約の文言を除外しているのは、第二項で条約を別に取り扱っているからであって、第八一条が条約を違憲審査の対象から除外したのは、条約のもつ特質からであって、裁判所が違憲審査をすることは不適当であること、③第九八条第二項に規定する誠実な遵守義務は、違憲の遵守までを義務付けたのではなく、条約の国内法的効力を示したものであること、④憲法改正には国民投票が必要であるが、条約による憲法の修正に国民投票が不要であることは、国民主権主義の原理に矛盾すること、⑤条約優位説を採れば条約の締結の結果、憲法を修正されることが可能となり、憲法改正について厳格な制約を規定した憲法が容認するとは思われない等がある。

（1）現在では、日本国憲法の改正手続きに関する法律、憲法改正のための国会法の一部改正（第一五一条）等に規定がある。
（2）橋本・前掲書六二二頁参照。
（3）菅野喜八郎・憲法の争点、一九八五年、有斐閣、二七七〜二七八頁。

【参考文献】

芦部信喜　現代人権論〔昭和五六年　有斐閣〕
芦部信喜　憲法訴訟の理論〔昭和五六年　有斐閣〕
芦部信喜　憲法人権（1）（大学双書）〔昭和五三年　有斐閣〕
芦部信喜＝池田政章＝杉原泰雄編　演習憲法〔昭和五九年　青林書院〕
芦部信喜＝高橋和之＝長谷部恭男編　ジュリスト別冊・憲法判例百選Ⅰ〔平成一二年　有斐閣〕
芦部信喜編　憲法判例百選（第三版）〔昭和四九年　有斐閣〕
芦部信喜編　ジュリスト別冊　憲法判例百選Ⅰ〔昭和五九年　有斐閣〕
芦部信喜編　法学教室・ユーブング憲法〔平成元年　有斐閣〕
阿部照哉＝池田政章＝初宿正典＝戸松秀典編　憲法（1）（第三版）〔平成七年　有斐閣〕
阿部照哉＝池田政章＝初宿正典＝戸松秀典編　憲法（2）（第三版）〔平成七年　有斐閣〕
阿部照哉＝池田政章＝初宿正典＝戸松秀典編　憲法（3）（第三版）〔平成七年　有斐閣〕
石村　修　基本論点憲法（新版）〔平成八年　法学書院〕
伊藤正巳　憲法（第三版）〔平成一六年　弘文堂〕
鵜飼信成　新版憲法〔昭和四三年　弘文堂〕
浦田賢治編　憲法（改訂版）演習ノート〔平成二年　法学書院〕
大石義雄　憲法講義〔昭和四二年　有信堂〕
大隅義和＝大江正昭　憲法学への招待（第二版）〔平成一五年　青林書院〕

大須賀明　現代講義　憲法〔平成八年　青林書院〕
緒方章宏＝熊田道彦＝小林弘人＝桜井昭平＝中原精一　全訂・憲法講義〔平成六年　創成社〕
奥平康弘＝杉原泰雄編　憲法演習教室〔昭和六二年　有斐閣〕
奥平康弘　憲法Ⅲ〔平成五年　有斐閣〕
尾吹善人　憲法教科書〔平成五年　木鐸社〕
粕谷　進　憲法九条と自衛権（新版）〔平成八年　信山社出版〕
川添利幸　憲法概論〔昭和三八年　文久書院〕
清宮四郎　憲法要論（全訂）〔昭和五九年　法文社〕
清宮四郎　憲法Ⅰ第三版（法律学全集）〔昭和五四年　有斐閣〕
清宮四郎　憲法辞典〔昭和五八年　青林書院新社〕
小泉洋一＝倉持孝司＝尾形　健＝福岡久美子　憲法の基本（第二版）〔平成二三年　法律文化社〕
小嶋和司　憲法概説〔昭和六二年　良書普及会〕
小嶋和司編　ジュリスト増刊　憲法の争点（新版）〔昭和六〇年　有斐閣〕
小林孝輔　憲法講義（上）（下）（新版）〔昭和六〇年　東京大学出版会〕
小林直樹　新版憲法講義（上）（下）〔昭和五五年　東京大学出版会〕
佐藤　功　ポケット注釈全書4〔昭和四二年　有斐閣〕
佐藤　功　日本国憲法概説（全訂第三版）〔昭和六〇年　学陽書房〕
佐藤幸治　憲法（新版）　現代法律学講座〔昭和六〇年　青林書院〕
佐藤幸治＝中村睦男＝野中利彦　ファンダメンタル憲法〔平成一一年　有斐閣〕
佐藤幸治　憲法訴訟と司法権〔昭和六三年　日本評論社〕

阪本昌成　憲法理論Ⅰ〔第三版〕〔平成一一年　成文堂〕
阪本昌成　憲法理論Ⅱ〔平成九年　成文堂〕
阪本昌成　憲法理論Ⅲ〔平成八年　成文堂〕
清水　睦　憲法講義〔改訂新版〕〔昭和五四年　南雲堂深山社〕
下條芳明＝東　裕編著　樋口雄人＝渡邊　亙＝林　紀行＝団上智也　新・テキストブック　日本国憲法〔平成一七年
　嵯峨野書院〕
田上穣治〔新版〕日本国憲法原論〔昭和六〇年　青林書院〕
田口精一　基本権の理論〔平成八年　信山社出版〕
高乗正臣＝佐伯宣親　現代憲法学の論点〔第二版〕〔平成一二年　成文堂〕
田畑　忍　日本国憲法論〔昭和五二年　法律文化社〕
東大緑風会　憲法〔演習〕〔昭和五五年　酒井書店〕
長尾一紘　日本国憲法〔新版〕〔昭和六三年　世界思想社〕
中村睦男　憲法30講〔新版〕〔平成一一年　青林書院〕
野中俊彦＝浦部法穂　憲法の解釈Ⅰ　総論〔平成八年　三省堂〕
野中俊彦＝浦部法穂　憲法の解釈Ⅱ　人権〔平成八年　三省堂〕
野中俊彦＝浦部法穂　憲法の解釈Ⅲ　統治〔平成八年　三省堂〕
橋本公亘　憲法〔改訂〕現代法律学全集〔昭和五一年　青林書院新社〕
橋本公亘　日本国憲法〔昭和六一年　有斐閣〕
樋口陽一　憲法Ⅰ　現代法律学全集2〔平成一〇年　青林書院〕
樋口陽一＝佐藤幸治＝中村睦男＝浦部法穂　憲法Ⅰ　注解法律学全集〔平成六年　青林書院〕

樋口陽一＝佐藤幸治＝中村睦男＝浦部法穂 憲法Ⅱ 注解法律学全集〔平成九年 青林書院〕
水木惣太郎 憲法講義（上）（下）〔昭和三一年 有信堂〕
宮沢俊義 憲法Ⅱ（新版） 法律学全集〔昭和六一年 有斐閣〕
宮澤俊義（芦部信喜補訂） 全訂日本国憲法〔昭和五四年 日本評論社〕
森 英樹 憲法の平和主義と「国際貢献」〔平成四年 新日本出版〕
山内敏弘＝古川純 憲法の現況と展望〔平成九年 北樹出版〕
我妻 栄編 ジュリスト増刊 憲法の判例〔昭和四一年 有斐閣〕
和田英夫 新版憲法体系〔昭和五七年 勁草書房〕

日本国憲法

日本国民は、正当に選挙された国会における代表者を通じて行動し、われらとわれらの子孫のために、諸国民との協和による成果と、わが国全土にわたつて自由のもたらす恵沢を確保し、政府の行為によつて再び戦争の惨禍が起ることのないやうにすることを決意し、ここに主権が国民に存することを宣言し、この憲法を確定する。そもそも国政は、国民の厳粛な信託によるものであつて、その権威は国民に由来し、その権力は国民の代表者がこれを行使し、その福利は国民がこれを享受する。これは人類普遍の原理であり、この憲法は、かかる原理に基くものである。われらは、これに反する一切の憲法、法令及び詔勅を排除する。

日本国民は、恒久の平和を念願し、人間相互の関係を支配する崇高な理想を深く自覚するのであつて、平和を愛する諸国民の公正と信義に信頼して、われらの安全と生存を保持しようと決意した。われらは、平和を維持し、専制と隷従、圧迫と偏狭を地上から永遠に除去しようと努めてゐる国際社会において、名誉ある地位を占めたいと思ふ。われらは、全世界の国民が、ひとしく恐怖と欠乏から免かれ、平和のうちに生存する権利を有することを確認する。

われらは、いづれの国家も、自国のことのみに専念して他国を無視してはならないのであつて、政治道徳の法則は、普遍的なものであり、この法則に従ふことは、自国の主権を維持し、他国と対等関係に立たうとする各国の責務であると信ずる。

日本国民は、国家の名誉にかけ、全力をあげてこの崇高な理想と目的を達成することを誓ふ。

第一章　天皇

第一条　天皇は、日本国の象徴であり日本国民統合の象徴であつて、この地位は、主権の存する日本国民の総意に基く。

第二条　皇位は、世襲のものであつて、国会の議決した皇室典範の定めるところにより、これを継承する。

第三条　天皇の国事に関するすべての行為には、内閣の助言と承認を必要とし、内閣が、その責任を負ふ。

第四条①　天皇は、この憲法の定める国事に関する行為のみを行ひ、国政に関する権能を有しない。

②　天皇は、法律の定めるところにより、その国事に関す

る行為を委任することができる。

第五条　皇室典範の定めるところにより摂政を置くときは、摂政は、天皇の名でその国事に関する行為を行ふ。この場合には、前条第一項の規定を準用する。

第六条①　天皇は、国会の指名に基いて、内閣総理大臣を任命する。

②　天皇は、内閣の指名に基いて、最高裁判所の長たる裁判官を任命する。

第七条　天皇は、内閣の助言と承認により、国民のために、左の国事に関する行為を行ふ。

一　憲法改正、法律、政令及び条約を公布すること。

二　国会を召集すること。

三　衆議院を解散すること。

四　国会議員の総選挙の施行を公示すること。

五　国務大臣及び法律の定めるその他の官吏の任免並びに全権委任状及び大使及び公使の信任状を認証すること。

六　大赦、特赦、減刑、刑の執行の免除及び復権を認証すること。

七　栄典を授与すること。

八　批准書及び法律の定めるその他の外交文書を認証すること。

九　外国の大使及び公使を接受すること。

十　儀式を行ふこと。

第八条　皇室に財産を譲り渡し、又は皇室が、財産を譲り受け、若しくは賜与することは、国会の議決に基かなければならない。

第二章　戦争の放棄

第九条①　日本国民は、正義と秩序を基調とする国際平和を誠実に希求し、国権の発動たる戦争と、武力による威嚇又は武力の行使は、国際紛争を解決する手段としては、永久にこれを放棄する。

②　前項の目的を達するため、陸海空軍その他の戦力は、これを保持しない。国の交戦権は、これを認めない。

第三章　国民の権利及び義務

第十条　日本国民たる要件は、法律でこれを定める。

第十一条　国民は、すべての基本的人権の享有を妨げられない。この憲法が国民に保障する基本的人権は、侵すことのできない永久の権利として、現在及び将来の国民に与へられる。

第十二条　この憲法が国民に保障する自由及び権利は、国民の不断の努力によつて、これを保持しなければならない。又、国民は、これを濫用してはならないのであつて、常に公共の福祉のためにこれを利用する責任を負ふ。

第十三条　すべて国民は、個人として尊重される。生命、自由及び幸福追求に対する国民の権利については、公共の福祉に反しない限り、立法その他の国政の上で、最大の尊重を必要とする。

第十四条①　すべて国民は、法の下に平等であつて、人種、信条、性別、社会的身分又は門地により、政治的、経済的又は社会的関係において、差別されない。

②　華族その他の貴族の制度は、これを認めない。

③　栄誉、勲章その他の栄典の授与は、いかなる特権も伴はない。栄典の授与は、現にこれを有し、又は将来これを受ける者の一代に限り、その効力を有する。

第十五条①　公務員を選定し、及びこれを罷免することは、国民固有の権利である。

②　すべて公務員は、全体の奉仕者であつて、一部の奉仕者ではない。

③　公務員の選挙については、成年者による普通選挙を保障する。

④　すべて選挙における投票の秘密は、これを侵してはならない。選挙人は、その選択に関し公的にも私的にも責任を問はれない。

第十六条　何人も、損害の救済、公務員の罷免、法律、命令又は規則の制定、廃止又は改正その他の事項に関し、平穏に請願する権利を有し、何人も、かかる請願をしたためにいかなる差別待遇も受けない。

第十七条　何人も、公務員の不法行為により、損害を受けたときは、法律の定めるところにより、国又は公共団体に、その賠償を求めることができる。

第十八条　何人も、いかなる奴隷的拘束も受けない。又、犯罪に因る処罰の場合を除いては、その意に反する苦役に服させられない。

第十九条　思想及び良心の自由は、これを侵してはならない。

第二十条①　信教の自由は、何人に対してもこれを保障する。いかなる宗教団体も、国から特権を受け、又は政治上の権力を行使してはならない。

②　何人も、宗教上の行為、祝典、儀式又は行事に参加することを強制されない。

③　国及びその機関は、宗教教育その他いかなる宗教的活

動もしてはならない。

第二十一条① 集会、結社及び言論、出版その他一切の表現の自由は、これを保障する。

② 検閲は、これをしてはならない。通信の秘密は、これを侵してはならない。

第二十二条① 何人も、公共の福祉に反しない限り、居住、移転及び職業選択の自由を有する。

② 何人も、外国に移住し、又は国籍を離脱する自由を侵されない。

第二十三条 学問の自由は、これを保障する。

第二十四条① 婚姻は、両性の合意のみに基いて成立し、夫婦が同等の権利を有することを基本として、相互の協力により、維持されなければならない。

② 配偶者の選択、財産権、相続、住居の選定、離婚並びに婚姻及び家族に関するその他の事項に関しては、法律は、個人の尊厳と両性の本質的平等に立脚して、制定されなければならない。

第二十五条① すべて国民は、健康で文化的な最低限度の生活を営む権利を有する。

② 国は、すべての生活部面について、社会福祉、社会保障及び公衆衛生の向上及び増進に努めなければならない。

第二十六条① すべて国民は、法律の定めるところにより、その能力に応じて、ひとしく教育を受ける権利を有する。

② すべて国民は、法律の定めるところにより、その保護する子女に普通教育を受けさせる義務を負ふ。義務教育は、これを無償とする。

第二十七条① すべて国民は、勤労の権利を有し、義務を負ふ。

② 賃金、就業時間、休息その他の勤労条件に関する基準は、法律でこれを定める。

③ 児童は、これを酷使してはならない。

第二十八条 勤労者の団結する権利及び団体交渉その他の団体行動をする権利は、これを保障する。

第二十九条① 財産権は、これを侵してはならない。

② 財産権の内容は、公共の福祉に適合するやうに、法律でこれを定める。

③ 私有財産は、正当な補償の下に、これを公共のために用ひることができる。

第三十条 国民は、法律の定めるところにより、納税の義務を負ふ。

第三十一条 何人も、法律の定める手続によらなければ、その生命若しくは自由を奪はれ、又はその他の刑罰を科せられない。

第三十二条　何人も、裁判所において裁判を受ける権利を奪はれない。

第三十三条　何人も、現行犯として逮捕される場合を除いては、権限を有する司法官憲が発し、且つ理由となつてゐる犯罪を明示する令状によらなければ、逮捕されない。

第三十四条　何人も、理由を直ちに告げられ、且つ、直ちに弁護人に依頼する権利を与へられなければ、抑留又は拘禁されない。又、何人も、正当な理由がなければ、拘禁されず、要求があれば、その理由は、直ちに本人及びその弁護人の出席する公開の法廷で示されなければならない。

第三十五条①　何人も、その住居、書類及び所持品について、侵入、捜索及び押収を受けることのない権利は、第三十三条の場合を除いては、正当な理由に基いて発せられ、且つ捜索する場所及び押収する物を明示する令状がなければ、侵されない。

②　捜索又は押収は、権限を有する司法官憲が発する各別の令状により、これを行ふ。

第三十六条　公務員による拷問及び残虐な刑罰は、絶対にこれを禁ずる。

第三十七条①　すべて刑事事件においては、被告人は、公平な裁判所の迅速な公開裁判を受ける権利を有する。

②　刑事被告人は、すべての証人に対して審問する機会を充分に与へられ、又、公費で自己のために強制的手続により証人を求める権利を有する。

③　刑事被告人は、いかなる場合にも、資格を有する弁護人を依頼することができる。被告人が自らこれを依頼することができないときは、国でこれを附する。

第三十八条①　何人も、自己に不利益な供述を強要されない。

②　強制、拷問若しくは脅迫による自白又は不当に長く抑留若しくは拘禁された後の自白は、これを証拠とすることができない。

③　何人も、自己に不利益な唯一の証拠が本人の自白である場合には、有罪とされ、又は刑罰を科せられない。

第三十九条　何人も、実行の時に適法であつた行為又は既に無罪とされた行為については、刑事上の責任を問はれない。又、同一の犯罪について、重ねて刑事上の責任を問はれない。

第四十条　何人も、抑留又は拘禁された後、無罪の裁判を受けたときは、法律の定めるところにより、国にその補償を求めることができる。

第四章　国会

第四十一条　国会は、国権の最高機関であつて、国の唯一の立法機関である。

第四十二条　国会は、衆議院及び参議院の両議院でこれを構成する。

第四十三条①　両議院は、全国民を代表する選挙された議員でこれを組織する。

②　両議院の議員の定数は、法律でこれを定める。

第四十四条　両議院の議員及びその選挙人の資格は、法律でこれを定める。但し、人種、信条、性別、社会的身分、門地、教育、財産又は収入によつて差別してはならない。

第四十五条　衆議院議員の任期は、四年とする。但し、衆議院解散の場合には、その期間満了前に終了する。

第四十六条　参議院議員の任期は、六年とし、三年ごとに議員の半数を改選する。

第四十七条　選挙区、投票の方法その他両議院の議員の選挙に関する事項は、法律でこれを定める。

第四十八条　何人も、同時に両議院の議員たることはできない。

第四十九条　両議院の議員は、法律の定めるところにより、国庫から相当額の歳費を受ける。

第五十条　両議院の議員は、法律の定める場合を除いては、国会の会期中逮捕されず、会期前に逮捕された議員は、その議院の要求があれば、会期中これを釈放しなければならない。

第五十一条　両議院の議員は、議院で行つた演説、討論又は表決について、院外で責任を問はれない。

第五十二条　国会の常会は、毎年一回これを召集する。

第五十三条　内閣は、国会の臨時会の召集を決定することができる。いづれかの議院の総議員の四分の一以上の要求があれば、内閣は、その召集を決定しなければならない。

第五十四条①　衆議院が解散されたときは、解散の日から四十日以内に、衆議院議員の総選挙を行ひ、その選挙の日から三十日以内に、国会を召集しなければならない。

②　衆議院が解散されたときは、参議院は、同時に閉会となる。但し、内閣は、国に緊急の必要があるときは、参議院の緊急集会を求めることができる。

③　前項但書の緊急集会において採られた措置は、臨時のものであつて、次の国会開会の後十日以内に、衆議院の

同意がない場合には、その効力を失ふ。

第五十五条　両議院は、各々その議員の資格に関する争訟を裁判する。但し、議員の議席を失はせるには、出席議員の三分の二以上の多数による議決を必要とする。

第五十六条①　両議院は、各々その総議員の三分の一以上の出席がなければ、議事を開き議決することができない。

②　両議院の議事は、この憲法に特別の定のある場合を除いては、出席議員の過半数でこれを決し、可否同数のときは、議長の決するところによる。

第五十七条①　両議院の会議は、公開とする。但し、出席議員の三分の二以上の多数で議決したときは、秘密会を開くことができる。

②　両議院は、各々その会議の記録を保存し、秘密会の記録の中で特に秘密を要すると認められるもの以外は、これを公表し、且つ一般に頒布しなければならない。

③　出席議員の五分の一以上の要求があれば、各議員の表決は、これを会議録に記載しなければならない。

第五十八条①　両議院は、各々その議長その他の役員を選任する。

②　両議院は、各々その会議その他の手続及び内部の規律に関する規則を定め、又、院内の秩序をみだした議員を懲罰することができる。但し、議員を除名するには、出席議員の三分の二以上の多数による議決を必要とする。

第五十九条①　法律案は、この憲法に特別の定のある場合を除いては、両議院で可決したとき法律となる。

②　衆議院で可決し、参議院でこれと異なつた議決をした法律案は、衆議院で出席議員の三分の二以上の多数で再び可決したときは、法律となる。

③　前項の規定は、法律の定めるところにより、衆議院が、両議院の協議会を開くことを求めることを妨げない。

④　参議院が、衆議院の可決した法律案を受け取つた後、国会休会中の期間を除いて六十日以内に、議決しないときは、衆議院は、参議院がその法律案を否決したものとみなすことができる。

第六十条①　予算は、さきに衆議院に提出しなければならない。

②　予算について、参議院で衆議院と異なつた議決をした場合に、法律の定めるところにより、両議院の協議会を開いても意見が一致しないとき、又は参議院が、衆議院の可決した予算を受け取つた後、国会休会中の期間を除いて三十日以内に、議決しないときは、衆議院の議決を国会の議決とする。

第六十一条　条約の締結に必要な国会の承認については、前条第二項の規定を準用する。

第六十二条　両議院は、各々国政に関する調査を行ひ、これに関して、証人の出頭及び証言並びに記録の提出を要求することができる。

第六十三条　内閣総理大臣その他の国務大臣は、両議院の一に議席を有すると有しないとにかかはらず、何時でも議案について発言するため議院に出席することができる。又、答弁又は説明のため出席を求められたときは、出席しなければならない。

第六十四条①　国会は、罷免の訴追を受けた裁判官を裁判するため、両議院の議員で組織する弾劾裁判所を設ける。

②　弾劾に関する事項は、法律でこれを定める。

第五章　内閣

第六十五条　行政権は、内閣に属する。

第六十六条①　内閣は、法律の定めるところにより、その首長たる内閣総理大臣及びその他の国務大臣でこれを組織する。

②　内閣総理大臣その他の国務大臣は、文民でなければならない。

③　内閣は、行政権の行使について、国会に対し連帯して責任を負ふ。

第六十七条①　内閣総理大臣は、国会議員の中から国会の議決で、これを指名する。この指名は、他のすべての案件に先だつて、これを行ふ。

②　衆議院と参議院とが異なつた指名の議決をした場合に、法律の定めるところにより、両議院の協議会を開いても意見が一致しないとき、又は衆議院が指名の議決をした後、国会休会中の期間を除いて十日以内に、参議院が、指名の議決をしないときは、衆議院の議決を国会の議決とする。

第六十八条①　内閣総理大臣は、国務大臣を任命する。但し、その過半数は、国会議員の中から選ばれなければならない。

②　内閣総理大臣は、任意に国務大臣を罷免することができる。

第六十九条　内閣は、衆議院で不信任の決議案を可決し、又は信任の決議案を否決したときは、十日以内に衆議院が解散されない限り、総辞職をしなければならない。

第七十条　内閣総理大臣が欠けたとき、又は衆議院議員総選挙の後に初めて国会の召集があつたときは、内閣は、総辞職をしなければならない。
第七十一条　前二条の場合には、内閣は、あらたに内閣総理大臣が任命されるまで引き続きその職務を行ふ。
第七十二条　内閣総理大臣は、内閣を代表して議案を国会に提出し、一般国務及び外交関係について国会に報告し、並びに行政各部を指揮監督する。
第七十三条　内閣は、他の一般行政事務の外、左の事務を行ふ。
一　法律を誠実に執行し、国務を総理すること。
二　外交関係を処理すること。
三　条約を締結すること。但し、事前に、時宜によつては事後に、国会の承認を経ることを必要とする。
四　法律の定める基準に従ひ、官吏に関する事務を掌理すること。
五　予算を作成して国会に提出すること。
六　この憲法及び法律の規定を実施するために、政令を制定すること。但し、政令には、特にその法律の委任がある場合を除いては、罰則を設けることができない。
七　大赦、特赦、減刑、刑の執行の免除及び復権を決定すること。
第七十四条　法律及び政令には、すべて主任の国務大臣が署名し、内閣総理大臣が連署することを必要とする。
第七十五条　国務大臣は、その在任中、内閣総理大臣の同意がなければ、訴追されない。但し、これがため、訴追の権利は、害されない。

第六章　司法

第七十六条①　すべて司法権は、最高裁判所及び法律の定めるところにより設置する下級裁判所に属する。
②　特別裁判所は、これを設置することができない。行政機関は、終審として裁判を行ふことができない。
③　すべて裁判官は、その良心に従ひ独立してその職権を行ひ、この憲法及び法律にのみ拘束される。
第七十七条①　最高裁判所は、訴訟に関する手続、弁護士、裁判所の内部規律及び司法事務処理に関する事項について、規則を定める権限を有する。
②　検察官は、最高裁判所の定める規則に従はなければならない。
③　最高裁判所は、下級裁判所に関する規則を定める権限を、下級裁判所に委任することができる。
第七十八条　裁判官は、裁判により、心身の故障のために職務を執ることができないと決定された場合を除いては、

公の弾劾によらなければ罷免されない。裁判官の懲戒処分は、行政機関がこれを行ふことはできない。

第七十九条① 最高裁判所は、その長たる裁判官及び法律の定める員数のその他の裁判官でこれを構成し、その長たる裁判官以外の裁判官は、内閣でこれを任命する。

② 最高裁判所の裁判官の任命は、その任命後初めて行はれる衆議院議員総選挙の際国民の審査に付し、その後十年を経過した後初めて行はれる衆議院議員総選挙の際更に審査に付し、その後も同様とする。

③ 前項の場合において、投票者の多数が裁判官の罷免を可とするときは、その裁判官は、罷免される。

④ 審査に関する事項は、法律でこれを定める。

⑤ 最高裁判所の裁判官は、法律の定める年齢に達した時に退官する。

⑥ 最高裁判所の裁判官は、すべて定期に相当額の報酬を受ける。この報酬は、在任中、これを減額することができない。

第八十条① 下級裁判所の裁判官は、最高裁判所の指名した者の名簿によつて、内閣でこれを任命する。その裁判官は、任期を十年とし、再任されることができる。但し、法律の定める年齢に達した時には退官する。

② 下級裁判所の裁判官は、すべて定期に相当額の報酬を受ける。この報酬は、在任中、これを減額することができない。

第八十一条 最高裁判所は、一切の法律、命令、規則又は処分が憲法に適合するかしないかを決定する権限を有する終審裁判所である。

第八十二条① 裁判の対審及び判決は、公開法廷でこれを行ふ。

② 裁判所が、裁判官の全員一致で、公の秩序又は善良の風俗を害する虞があると決した場合には、対審は、公開しないでこれを行ふことができる。但し、政治犯罪、出版に関する犯罪又はこの憲法第三章で保障する国民の権利が問題となつてゐる事件の対審は、常にこれを公開しなければならない。

第七章　財政

第八十三条 国の財政を処理する権限は、国会の議決に基いて、これを行使しなければならない。

第八十四条 あらたに租税を課し、又は現行の租税を変更するには、法律又は法律の定める条件によることを必要とする。

第八十五条　国費を支出し、又は国が債務を負担するには、国会の議決に基くことを必要とする。
第八十六条　内閣は、毎会計年度の予算を作成し、国会に提出して、その審議を受け議決を経なければならない。
第八十七条①　予見し難い予算の不足に充てるため、国会の議決に基いて予備費を設け、内閣の責任でこれを支出することができる。
②　すべて予備費の支出については、内閣は、事後に国会の承諾を得なければならない。
第八十八条　すべて皇室財産は、国に属する。すべて皇室の費用は、予算に計上して国会の議決を経なければならない。
第八十九条　公金その他の公の財産は、宗教上の組織若しくは団体の使用、便益若しくは維持のため、又は公の支配に属しない慈善、教育若しくは博愛の事業に対し、これを支出し、又はその利用に供してはならない。
第九十条①　国の収入支出の決算は、すべて毎年会計検査院がこれを検査し、内閣は、次の年度に、その検査報告とともに、これを国会に提出しなければならない。
②　会計検査院の組織及び権限は、法律でこれを定める。
第九十一条　内閣は、国会及び国民に対し、定期に、少くとも毎年一回、国の財政状況について報告しなければならない。

第八章　地方自治

第九十二条　地方公共団体の組織及び運営に関する事項は、地方自治の本旨に基いて、法律でこれを定める。
第九十三条①　地方公共団体には、法律の定めるところにより、その議事機関として議会を設置する。
②　地方公共団体の長、その議会の議員及び法律の定めるその他の吏員は、その地方公共団体の住民が、直接これを選挙する。
第九十四条　地方公共団体は、その財産を管理し、事務を処理し、及び行政を執行する権能を有し、法律の範囲内で条例を制定することができる。
第九十五条　一の地方公共団体のみに適用される特別法は、法律の定めるところにより、その地方公共団体の住民の投票においてその過半数の同意を得なければ、国会は、これを制定することができない。

第九章　改正

第九十六条①　この憲法の改正は、各議院の総議員の三分の二以上の賛成で、国会が、これを発議し、国民に提案してその承認を経なければならない。この承認には、特別の国民投票又は国会の定める選挙の際行はれる投票において、その過半数の賛成を必要とする。

② 憲法改正について前項の承認を経たときは、天皇は、国民の名で、この憲法と一体を成すものとして、直ちにこれを公布する。

第十章　最高法規

第九十七条　この憲法が日本国民に保障する基本的人権は、人類の多年にわたる自由獲得の努力の成果であつて、これらの権利は、過去幾多の試錬に堪へ、現在及び将来の国民に対し、侵すことのできない永久の権利として信託されたものである。

第九十八条① この憲法は、国の最高法規であつて、その条規に反する法律、命令、詔勅及び国務に関するその他の行為の全部又は一部は、その効力を有しない。

② 日本国が締結した条約及び確立された国際法規は、これを誠実に遵守することを必要とする。

第九十九条　天皇又は摂政及び国務大臣、国会議員、裁判官その他の公務員は、この憲法を尊重し擁護する義務を負ふ。

第十一章　補則

第百条① この憲法は、公布の日から起算して六箇月を経過した日から、これを施行する。

② この憲法を施行するために必要な法律の制定、参議院議員の選挙及び国会召集の手続並びにこの憲法を施行するために必要な準備手続は、前項の期日よりも前に、これを行ふことができる。

第百一条　この憲法施行の際、参議院がまだ成立してゐないときは、その成立するまでの間、衆議院は、国会としての権限を行ふ。

第百二条　この憲法による第一期の参議院議員のうち、その半数の者の任期は、これを三年とする。その議員は、法律の定めるところにより、これを定める。

第百三条　この憲法施行の際現に在職する国務大臣、衆議院議員及び裁判官並びにその他の公務員で、その地位に相応する地位がこの憲法で認められてゐる者は、法律で特別の定をした場合を除いては、この憲法施行のため、当然にはその地位を失ふことはない。但し、この憲法によつて、後任者が選挙又は任命されたときは、当然その地位を失ふ。

大日本帝国憲法

朕祖宗ノ遺烈ヲ承ケ万世一系ノ帝位ヲ践ミ朕カ親愛スル所ノ臣民ハ即チ朕カ祖宗ノ恵撫慈養シタマヒシ所ノ臣民ナルヲ念ヒ其ノ康福ヲ増進シ其ノ懿徳良能ヲ発達セシメムコトヲ願ヒ又其ノ翼賛ニ依リ与ニ倶ニ国家ノ進運ヲ扶持セムコトヲ望ミ乃チ明治十四年十月十二日ノ詔命ヲ履践シ茲ニ大憲ヲ制定シ朕カ率由スル所ヲ示シ朕カ後嗣及臣民及臣民ノ子孫タル者ヲシテ永遠ニ循行スル所ヲ知ラシム

国家統治ノ大権ハ朕カ之ヲ祖宗ニ承ケテ之ヲ子孫ニ伝フル所ナリ朕及朕カ子孫ハ将来此ノ憲法ノ条章ニ循ヒ之ヲ行フコトヲ愆ラサルヘシ

朕ハ我カ臣民ノ権利及財産ノ安全ヲ貴重シ及之ヲ保護シ此ノ憲法及法律ノ範囲内ニ於テ其ノ享有ヲ完全ナラシムヘキコトヲ宣言ス

帝国議会ハ明治二十三年ヲ以テ之ヲ召集シ議会開会ノ時ヲ以テ此ノ憲法ヲシテ有効ナラシムルノ期トスヘシ

将来若此ノ憲法ノ或ル条章ヲ改定スルノ必要ナル時宜ヲ見ルニ至ラハ朕及朕カ継統ノ子孫ハ発議ノ権ヲ執リ之ヲ議会ニ付シ議会ハ此ノ憲法ニ定メタル要件ニ依リ之ヲ議決スルノ外朕カ子孫及臣民ハ敢テ之カ紛更ヲ試ミルコトヲ得サルヘシ

朕カ在廷ノ大臣ハ朕カ為ニ此ノ憲法ヲ施行スルノ責ニ任スヘク朕カ現在及将来ノ臣民ハ此ノ憲法ニ対シ永遠ニ従順ノ義務ヲ負フヘシ

第一章　天皇

第一条　大日本帝国ハ万世一系ノ天皇之ヲ統治ス

第二条　皇位ハ皇室典範ノ定ムル所ニ依リ皇男子孫之ヲ継承ス

第三条　天皇ハ神聖ニシテ侵スヘカラス

第四条　天皇ハ国ノ元首ニシテ統治権ヲ総攬シ此ノ憲法ノ条規ニ依リ之ヲ行フ

第五条　天皇ハ帝国議会ノ協賛ヲ以テ立法権ヲ行フ

第六条　天皇ハ法律ヲ裁可シ其ノ公布及執行ヲ命ス

第七条　天皇ハ帝国議会ヲ召集シ其ノ開会閉会停会及衆議院ノ解散ヲ命ス

第八条①　天皇ハ公共ノ安全ヲ保持シ又ハ其ノ災厄ヲ避ク

ル為緊急ノ必要ニ由リ帝国議会閉会ノ場合ニ於テ法律ニ代ルヘキ勅令ヲ発ス

② 此ノ勅令ハ次ノ会期ニ於テ帝国議会ニ提出スヘシ若議会ニ於テ承諾セサルトキハ政府ハ将来ニ向テ其ノ効力ヲ失フコトヲ公布スヘシ

第九条 天皇ハ法律ヲ執行スル為ニ又ハ公共ノ安寧秩序ヲ保持シ及臣民ノ幸福ヲ増進スル為ニ必要ナル命令ヲ発シ又ハ発セシム但シ命令ヲ以テ法律ヲ変更スルコトヲス

第十条 天皇ハ行政各部ノ官制及文武官ノ俸給ヲ定メ及文武官ヲ任免ス但シ此ノ憲法又ハ他ノ法律ニ特例ヲ掲ケタルモノハ各々其ノ条項ニ依ル

第十一条 天皇ハ陸海軍ヲ統帥ス

第十二条 天皇ハ陸海軍ノ編制及常備兵額ヲ定ム

第十三条 天皇ハ戦ヲ宣シ和ヲ講シ及諸般ノ条約ヲ締結ス

第十四条① 天皇ハ戒厳ヲ宣告ス

② 戒厳ノ要件及効力ハ法律ヲ以テ之ヲ定ム

第十五条 天皇ハ爵位勲章及其ノ他ノ栄典ヲ授与ス

第十六条 天皇ハ大赦特赦減刑及復権ヲ命ス

第十七条① 摂政ヲ置クハ皇室典範ノ定ムル所ニ依ル

② 摂政ハ天皇ノ名ニ於テ大権ヲ行フ

第二章　臣民権利義務

第十八条 日本臣民タル要件ハ法律ノ定ムル所ニ依ル

第十九条 日本臣民ハ法律命令ノ定ムル所ノ資格ニ応シ均ク文武官ニ任セラレ及其ノ他ノ公務ニ就クコトヲ得

第二十条 日本臣民ハ法律ノ定ムル所ニ従ヒ兵役ノ義務ヲ有ス

第二十一条 日本臣民ハ法律ノ定ムル所ニ従ヒ納税ノ義務ヲ有ス

第二十二条 日本臣民ハ法律ノ範囲内ニ於テ居住及移転ノ自由ヲ有ス

第二十三条 日本臣民ハ法律ニ依ルニ非スシテ逮捕監禁審問処罰ヲ受クルコトナシ

第二十四条 日本臣民ハ法律ニ定メタル裁判官ノ裁判ヲ受クルノ権ヲ奪ハル、コトナシ

第二十五条 日本臣民ハ法律ニ定メタル場合ヲ除ク外其ノ許諾ナクシテ住所ニ侵入セラレ及捜索セラル、コトナシ

第二十六条 日本臣民ハ法律ニ定メタル場合ヲ除ク外信書ノ秘密ヲ侵サル、コトナシ

第二十七条① 日本臣民ハ其ノ所有権ヲ侵サル、コトナシ

② 公益ノ為必要ナル処分ハ法律ノ定ムル所ニ依ル

第二十八条 日本臣民ハ安寧秩序ヲ妨ケス及臣民タルノ義

務ニ背カサル限ニ於テ信教ノ自由ヲ有ス

第二十九条　日本臣民ハ法律ノ範囲内ニ於テ言論著作印行集会及結社ノ自由ヲ有ス

第三十条　日本臣民ハ相当ノ敬礼ヲ守リ別ニ定ムル所ノ規程ニ従ヒ請願ヲ為スコトヲ得

第三十一条　本章ニ掲ケタル条規ハ戦時又ハ国家事変ノ場合ニ於テ天皇大権ノ施行ヲ妨クルコトナシ

第三十二条　本章ニ掲ケタル条規ハ陸海軍ノ法令又ハ紀律ニ牴触セサルモノニ限リ軍人ニ準行ス

第三章　帝国議会

第三十三条　帝国議会ハ貴族院衆議院ノ両院ヲ以テ成立ス

第三十四条　貴族院ハ貴族院令ノ定ムル所ニ依リ皇族華族及勅任セラレタル議員ヲ以テ組織ス

第三十五条　衆議院ハ選挙法ノ定ムル所ニ依リ公選セラレタル議員ヲ以テ組織ス

第三十六条　何人モ同時ニ両議院ノ議員タルコトヲ得ス

第三十七条　凡テ法律ハ帝国議会ノ協賛ヲ経ルヲ要ス

第三十八条　両議院ハ政府ノ提出スル法律案ヲ議決シ及各々法律案ヲ提出スルコトヲ得

第三十九条　両議院ノ一ニ於テ否決シタル法律案ハ同会期中ニ於テ再ヒ提出スルコトヲ得ス

第四十条　両議院ハ法律又ハ其ノ他ノ事件ニ付各々其ノ意見ヲ政府ニ建議スルコトヲ得但シ其ノ採納ヲ得サルモノハ同会期中ニ於テ再ヒ建議スルコトヲ得ス

第四十一条　帝国議会ハ毎年之ヲ召集ス

第四十二条　帝国議会ハ三箇月ヲ以テ会期トス必要アル場合ニ於テハ勅命ヲ以テ之ヲ延長スルコトアルヘシ

第四十三条①　臨時緊急ノ必要アル場合ニ於テ常会ノ外臨時会ヲ召集スヘシ

②　臨時会ノ会期ヲ定ムルハ勅命ニ依ル

第四十四条①　帝国議会ノ開会閉会会期ノ延長及停会ハ両院同時ニ之ヲ行フヘシ

②　衆議院解散ヲ命セラレタルトキハ貴族院ハ同時ニ停会セラルヘシ

第四十五条　衆議院解散ヲ命セラレタルトキハ勅令ヲ以テ新ニ議員ヲ選挙セシメ解散ノ日ヨリ五箇月以内ニ之ヲ召集スヘシ

第四十六条　両議院ハ各々其ノ総議員三分ノ一以上出席スルニ非サレハ議事ヲ開キ議決ヲ為スヲ得ス

第四十七条　両議院ノ議事ハ過半数ヲ以テ決ス可否同数ナルトキハ議長ノ決スル所ニ依ル

第四十八条　両議院ノ会議ハ公開ス但シ政府ノ要求又ハ其ノ院ノ決議ニ依リ秘密会ト為スコトヲ得

第四十九条　両議院ハ各々天皇ニ上奏スルコトヲ得

第五十条　両議院ハ臣民ヨリ呈出スル請願書ヲ受クルコトヲ得

第五十一条　両議院ハ此ノ憲法及議院法ニ掲クルモノヽ外内部ノ整理ニ必要ナル諸規則ヲ定ムルコトヲ得

第五十二条　両議院ノ議員ハ議院ニ於テ発言シタル意見及表決ニ付院外ニ於テ責ヲ負フコトナシ但シ議員自ラ其ノ言論ヲ演説刊行筆記又ハ其ノ他ノ方法ヲ以テ公布シタルトキハ一般ノ法律ニ依リ処分セラルヘシ

第五十三条　両議院ノ議員ハ現行犯罪又ハ内乱外患ニ関ル罪ヲ除ク外会期中其ノ院ノ許諾ナクシテ逮捕セラルヽコトナシ

第五十四条　国務大臣及政府委員ハ何時タリトモ各議院ニ出席シ及発言スルコトヲ得

第四章　国務大臣及枢密顧問

第五十五条①　国務各大臣ハ天皇ヲ輔弼シ其ノ責ニ任ス

②　凡テ法律勅令其ノ他国務ニ関ル詔勅ハ国務大臣ノ副署ヲ要ス

第五十六条　枢密顧問ハ枢密院官制ノ定ムル所ニ依リ天皇ノ諮詢ニ応ヘ重要ノ国務ヲ審議ス

第五章　司法

第五十七条①　司法権ハ天皇ノ名ニ於テ法律ニ依リ裁判所之ヲ行フ

②　裁判所ノ構成ハ法律ヲ以テ之ヲ定ム

第五十八条①　裁判官ハ法律ニ定メタル資格ヲ具フル者ヲ以テ之ニ任ス

②　裁判官ハ刑法ノ宣告又ハ懲戒ノ処分ニ由ルノ外其ノ職ヲ免セラルヽコトナシ

③　懲戒ノ条規ハ法律ヲ以テ之ヲ定ム

第五十九条　裁判ノ対審判決ハ之ヲ公開ス但シ安寧秩序又ハ風俗ヲ害スルノ虞アルトキハ法律ニ依リ又ハ裁判所ノ決議ヲ以テ対審ノ公開ヲ停ムルコトヲ得

第六十条　特別裁判所ノ管轄ニ属スヘキモノハ別ニ法律ヲ以テ之ヲ定ム

第六十一条　行政官庁ノ違法処分ニ由リ権利ヲ傷害セラレタリトスルノ訴訟ニシテ別ニ法律ヲ以テ定メタル行政裁判所ノ裁判ニ属スヘキモノハ司法裁判所ニ於テ受理スルノ限ニ在ラス

第六章　会計

第六十二条①　新ニ租税ヲ課シ及税率ヲ変更スルハ法律ヲ以テ之ヲ定ムヘシ

②　但シ報償ニ属スル行政上ノ手数料及其ノ他ノ収納金ハ前項ノ限ニ在ラス

③　国債ヲ起シ及予算ニ定メタルモノヲ除ク外国庫ノ負担トナルヘキ契約ヲ為スハ帝国議会ノ協賛ヲ経ヘシ

第六十三条　現行ノ租税ハ更ニ法律ヲ以テ之ヲ改メサル限ハ旧ニ依リ之ヲ徴収ス

第六十四条①　国家ノ歳出歳入ハ毎年予算ヲ以テ帝国議会ノ協賛ヲ経ヘシ

②　予算ノ款項ニ超過シ又ハ予算ノ外ニ生シタル支出アルトキハ後日帝国議会ノ承諾ヲ求ムルヲ要ス

第六十五条　予算ハ前ニ衆議院ニ提出スヘシ

第六十六条　皇室経費ハ現在ノ定額ニ依リ毎年国庫ヨリ之ヲ支出シ将来増額ヲ要スル場合ヲ除ク外帝国議会ノ協賛ヲ要セス

第六十七条　憲法上ノ大権ニ基ツケル既定ノ歳出及法律ノ結果ニ由リ又ハ法律上政府ノ義務ニ属スル歳出ハ政府ノ同意ナクシテ帝国議会之ヲ廃除シ又ハ削減スルコトヲ得ス

第六十八条　特別ノ須要ニ因リ政府ハ予メ年限ヲ定メ継続費トシテ帝国議会ノ協賛ヲ求ムルコトヲ得

第六十九条　避クヘカラサル予算ノ不足ヲ補フ為ニ又ハ予算ノ外ニ生シタル必要ノ費用ニ充ツル為ニ予備費ヲ設クヘシ

第七十条①　公共ノ安全ヲ保持スル為緊急ノ需用アル場合ニ於テ内外ノ情形ニ因リ政府ハ帝国議会ヲ召集スルコト能ハサルトキハ勅令ニ依リ財政上必要ノ処分ヲ為スコトヲ得

②　前項ノ場合ニ於テハ次ノ会期ニ於テ帝国議会ニ提出シ其ノ承諾ヲ求ムルヲ要ス

第七十一条　帝国議会ニ於イテ予算ヲ議定セス又ハ予算成立ニ至ラサルトキハ政府ハ前年度ノ予算ヲ施行スヘシ

第七十二条①　国家ノ歳出歳入ノ決算ハ会計検査院之ヲ検査確定シ政府ハ其ノ検査報告ト倶ニ之ヲ帝国議会ニ提出スヘシ

②　会計検査院ノ組織及職権ハ法律ヲ以テ之ヲ定ム

第七章　補則

第七十三条①　将来此ノ憲法ノ条項ヲ改正スルノ必要アルトキハ勅命ヲ以テ議案ヲ帝国議会ノ議ニ付スヘシ

②　此ノ場合ニ於テ両議院ハ各々其ノ総員三分ノ二以上出席スルニ非サレハ議事ヲ開クコトヲ得ス出席議員三分ノ二以上ノ多数ヲ得ルニ非サレハ改正ノ議決ヲ為スコトヲ得ス

第七十四条①　皇室典範ノ改正ハ帝国議会ノ議ヲ経ルヲ要セス

②　皇室典範ヲ以テ此ノ憲法ノ条規ヲ変更スルコトヲ得ス

第七十五条　憲法及皇室典範ハ摂政ヲ置クノ間之ヲ変更スルコトヲ得ス

第七十六条①　法律規則命令又ハ何等ノ名称ヲ用ヰタルニ拘ラス此ノ憲法ニ矛盾セサル現行ノ法令ハ総テ遵由ノ効力ヲ有ス

②　歳出上政府ノ義務ニ係ル現在ノ契約又ハ命令ハ総テ第六十七条ノ例ニ依ル

ハ行

タ行

ナ行

サ行

索　引

ア行

カ行

著者略歴

渡邉　譽（わたなべ　ほまれ）

大分県に生まれる
中央大学法学部法律学科卒業
熊本大学大学院法学研究科法律学専攻修士課程修了
南九州大学講師、助教授、教授を経て南九州大学名誉教授
現在、南九州大学非常勤講師、南九州短期大学非常勤講師
宮崎大学共通教育非常勤講師、宮崎医療福祉専門学校非常勤講師
宮崎看護専門学校非常勤講師、九州保健福祉大学総合医療専門学校非常勤講師

主要著書

憲法概説（第三版）	東京神田杉山書店	1993年
民法総則	東京神田杉山書店	1993年
憲法（第５版）	鉱脈社	2017年

所属学会
日本刑法学会
日本景観学会（理事）

日本国憲法

2019年５月10日　初版第１刷発行
2022年４月１日　初版第２刷発行

著　者　渡邉　譽
発行者　木村　慎也

・定価はカバーに表示　　印刷　恵友社／製本　新里製本

発行所　株式会社　北樹出版
URL:http://www.hokuju.jp

〒153-0061　東京都目黒区中目黒1-2-6　電話(03)3715-1525(代表)

ISBN978-4-7793-0602-0